世界历史大穿越之不可思议
不可能存在于那个时代的物品、事件及知识

[美] 拉蒙德·伍德◎著 邬若蘅◎译

当代世界出版社

图书在版编目（CIP）数据

世界历史大穿越之不可思议 /（美）拉蒙德·伍德著；邬若蘅译 .—北京：当代世界出版社，2014.3
ISBN 978-7-5090-0932-1

Ⅰ.①世… Ⅱ.①拉… ②邬… Ⅲ.①世界史 – 通俗读物 Ⅳ.① K109

中国版本图书馆 CIP 数据核字（2013）第 173917 号

OUT OF PLACE IN TIME AND SPACE © 2011 Lamont Wood.
Original English language edition published by Career Press, 220 West Parkway, Unit 12, Pompton Plains, NJ 07444 USA
This edition arranged through CA-Link International LLC.
Simplified Chinese translation copyright © 2014 by Orient Brainpower Media Co., Ltd.
ALL RIGHTS RESERVED

北京市版权局著作权合同登记号：图字01–2013–0471号

世界历史大穿越之不可思议

作　　者：	[美]拉蒙德·伍德
译　　者：	邬若蘅
出版发行：	当代世界出版社
地　　址：	北京市复兴路4号（100860）
网　　址：	http://www.worldpress.org.cn
编务电话：	（010）83908456
发行电话：	（010）83908455
	（010）83908409
	（010）83908377
	（010）83908423（邮购）
	（010）83908410（传真）
经　　销：	新华书店
印　　刷：	北京普瑞德印刷厂
开　　本：	710mm × 1000mm　1/16
印　　张：	15.25
字　　数：	220千字
版　　次：	2014年3月第1版
印　　次：	2014年3月第1次
书　　号：	ISBN 978-7-5090-0932-1
定　　价：	29.80元

如发现印装质量问题，请与承印厂联系调换。
版权所有，翻印必究，未经许可，不得转载！

杰瑞·D. 摩尔洛克博士

《纸上谈兵》杂志总编

一本不可思议的怪趣味图书，妙趣横生、引人入胜的写作方式使得本书热闹非凡、颇具娱乐价值，而且，最重要的是，这本书会引发你的思考！伍德揭示了发生在各种情况下，从计算机到混凝土，从潜艇到飞碟，出现的一些真正值得注意的"时空错位"奇迹。从"死亡射线"到"消失"的星球。他让你不禁问自己，对历史的了解到底有多少。

泰德·纳尔逊

未来学家，超文本发明人

拉蒙德·伍德的《世界历史大穿越之不可思议》很让人吃惊，精彩绝伦而又读之欣然。他将让人惊讶的先知传说结合整理——那些能够预见未来、却经常被人们无视的传说——而他生动、圆满地讲述了这些故事，却没有过分的辞藻堆砌。

彼得·卡拉斯

佩特罗咨询所创始人、主席

互联网出现于1945年。古希腊人几乎让死亡射线完美无缺。英王亨利五世400年前就进行了面部防腐手术，而那个时候，这种手术可能还没有发明出来。而拉蒙德·伍德的书将所有这些都描述出来，还有更多的内容。本书出版于2011年。是时光逆转所致或者仅仅是巧合？你说了算。

对本书的赞誉

序 Out of Place in Time and Space

从某种意义上说，本书称的上是"文章本天成"。毫无疑问，读者们此前应该看到过这种自诩，并理所当然地将其视为哗众取宠、夸夸其谈之语，但就本书而言，从某种程度上说，这的确是真的。在我深入思索诸多看似有悖有关时空及因果关系的"公理"时，它就这么完完整整地浮现在我脑海中，并且推动着我把它记录下来。它真的好像已经存在于世间一样，我只是忠实地把书中的内容抄了下来，就像在祈祷时脱口而出的祷词一样。当然，鉴于书中案例都是客观存在的这一事实，这并非是什么神迹，而是自然而然的"天成"之物。

即便如此，我也应该尽量克制这种立即把它写出来的冲动，留出更多时间去交流、思考和考证。事实上，之前去加利福尼亚参加埃希洛马微机大会时，我曾在吃午餐时与坐在我左手边的一个人提到"圣母与手拿玩具直升机的圣子"画像。后来我知道她是苏珊妮·M.费希尔博士，密歇根州迪尔伯恩市亨利·福特博物馆的技术部副部长。当时我跟她说很难找到这幅画，只知道它被收藏在某家欧洲博物馆中。不过，在她返回博物馆后的第二周，就以其卓越的专业知识帮我找到了它，并把相关背景资料发给了我。

所以，我甚至算不上是第一个为本书成稿作出贡献的人。显然，它是有自己生命的——虽然必须得承认，它的生命最终来自于我的笔下的文字，以及我为此挪用的本应与家人在一起的时光。我只希望你们现在手中捧着的这份成果能证明它确有价值。

前言 Out of Place in Time and Space

显然，在火星卫星被发现的151年前，或者是"阿波罗项目"诞生的一个世纪前，抑或是太平洋战争爆发的16年前，人们不可能未卜先知地对它们作出描述；古代强大的罗马军团也不可能被巨大的机器所击败；一幅中世纪的油画中不可能出现一架会动的玩具直升机；一幢世界上保存最完好的古代建筑也不可能没有任何显而易见的建筑目的，更不可能是使用现代技术手段建成的。

是吗？请你再猜一猜。

这些确实不可能存在，至少根据世人普遍接受的历史发展阶段时间表来看，更不要提根据世人有关时空及因果关系的主流理论看，它们毫无疑问不可能提前出现。然而，同样毫无疑问的是，它们真的存在。事实上，此类现象似乎还相当多，只不过，就藏在人们的眼皮底下。

实际上，我们会发现，这类现象不仅相当多，而且往往还存在某些共同的特点，完全自成体系、自生类别，就像微生物或宇宙天体一样。

首先，也是争议性最小的是所谓"超前"现象，其往往与最新科技或理念有关联。"超前"现象指的是那种远超时代或科技前沿的东西,由于过于超前,其参与者自身可能都不知道他们做的是什么,这也会因此埋没其真实价值。1900年有人建造出潜水艇,这属于走在科技前沿,但如果有人在1863年就造出了潜艇(且淹死在里面),这就属于"超前"现象了。

第二种是时空错位现象。对于超前的事物,通常你还可以大概估计出其"始作俑者"超前了多少年,而对于时空错位的东西,你所能想到的就是,这东西完全不应该且不合理地出现在这个年代、这个地方。就时空错位而言,似乎存在两种类型,一种是传统型的,一种是彻底紊乱式的。也许我们可以把它们分别称为不具威胁性的和颠覆性的。

传统型的时空错位现象属于不具威胁性的,其有多重表现形式,包括在对过往事情进行虚构性描述时加进了现代的物品(例如在那些有关古罗马的电影中出现古罗马人戴着手表的镜头),或者是对未来事情进行虚构性描述时加入了过去的物品(例如老版电视连续剧《星际迷航》中的某位女舰员穿着20世纪60年代的超短裙并化着当时的妆容)。

然而,紊乱型的时空错位涉及的并非虚构性作品,而是真实存在的东西、做法或信息——这也是为什么它们会是颠覆性的原因。如果说传统式的时空错位会令那些注重细节的观影者感到不快的话,那么,紊乱式的时空错位则显示,空间与时间的连续性在某些点上可能存在某种漏洞。(如果某位读者需要更好的解释的话,请继续读下去,然后自行做出判断和诠释。)

本书不会谈及传统式的时空错位,而将着重探讨颠覆性的时空错位。你可能认为这种现象极为罕见,但事实上,这种颠覆性的时空错位现象时不时就会冒出来。我们至少能发现两种颠覆性的时空错位现象:

- 第一种是现代的物品、理念或行为出现在过去。
- 第二种是未来时代的物品、理念或行为出现在过去。

前　言

也许你可以说还有第三种，即在过去对现在——在当时来说属于未来——的描述中，准确"预言"到了现代的物品、理念或行为，例如19世纪的科幻小说介绍了现代出现的东西。我们还是不要偏题。

本书中的绝大多数案例都属于颠覆性时空错位中的第一种。它们之所以引起我们的注意是因为它们看似属于我们这个时代（或者离现代不远的过去）。它们看起来似乎根本不可能出现在那个时代——然而它们的确真实存在于过去。

如果说第一种颠覆性时空错位看起来是不可能的，那么，第二种颠覆性时空错位则似乎更加令人感到难以置信——我们怎么能认出哪种东西属于未来？从根本上讲，我们的确不能，但是，我们必须承认我们现在还造不出这些东西，因此，它们的确有可能来自未来。

请先不要不假思索地将上文这段话斥为新时代的胡言乱语，看看这个：本书中的许多案例事实上最开始都是第二种颠覆性时空错位（也就是说，未来的出现在过去）。随着时间的推移，它们慢慢与周围环境融为一体，看到它们的人也就自然而然地这么去看待它们、欣赏它们。突然，有一天，它们成了第一种颠覆性时空错位。

一个经典的案例就是"安提凯希拉机械"。1901年，当人们在希腊海床上发现这个由一大堆齿轮组成的锈迹斑斑的奇怪东西时，一直以为是某种神秘的钟表机械。一个多世纪过去后，当电脑走入千家万户，人们才发现它的真面目——一台古代计算机。这样，它就从第二种颠覆性时空错位物品转变为第一种。

坦率地说，在历史的各个时期，人们的周围可能都存在大量第二种颠覆性时空错位物品，但是当时的人们并不具备足够的知识认出它们。本书列出的另外一个案例是"伏尼契手稿"，或者叫某种记录超前天文学现象的手稿。

也许有一天我们能真正明白它到底是什么东西,但在这之前,我们只能用我们的逻辑判断去看待它,也欢迎逻辑推理能力超强的读者对其作出判断。

除了超前现象和时空错位现象以外,还存在一些从本质上说属于"杂音"的东西。当然,杂音是一种难以理解的信号,人们最后一般都会对其置之不理,但是,如果你听得足够仔细,你可能会发现其中蕴含的声音信息。同样,本书中所举的一些案例最初看起来似乎完全是一种时空紊乱,不少人可能也会就这么认为。(一副文艺复兴时期的宗教画作中出现飞碟,就是其中一例。)但是,逻辑判断告诉我们,可能只有在相信它们是时空紊乱产物的人眼中,它们才真的是时空紊乱的东西,这些人会将自己的想法强加于这些物品之上,然后得出毫无意义的结论。然而,对于它们中的每一个,我们都可以给出颇具说服力且完全符合"常理"的解释——那种并不会对时间或因果关系理念构成挑战的合理解释。

当然,我们最终会发现许多案例属于第二种颠覆性时空错位现象,我们只能认为,我们懂得我们看到的是什么。除非有一天谜底彻底揭晓,否则我们无法排除这种可能性。与此同时,我们只能依靠我们的逻辑去引导我们。

既然我们已经谈到了逻辑和合理解释的问题,那么,我们也应该试图解决一个核心问题:对于本书中描述的那些可能具有潜在颠覆性的现象,是否存在某种具有说服力和"普适性"的解释呢?

最简答的答案就是:没有,但请继续读下去。

稍微复杂点的答案是:这些典型案例都有自己的合理解释,尤其对于那些容易被说服的人来说更是如此。接着读下去,你就会看到。

复杂的答案是:请先播放起阴森诡谲的背景音乐,想象一个满脸胡须、和蔼慈祥、穿着粗花呢毛衣的男子专注地望着你,然后开口说:"世间存在许多你无法用哲学解释的东西。"("哲学"这个词在那个穿粗花呢毛衣的人所生活的年代实际上是"科学"的同义词。)你则尖酸刻薄地回应道:"这只是个假设!"然后关掉那奇幻音乐,继续读这本书。

与此同时,如果你当时已经提前开始阅读前文所提到的UFO、亚特兰蒂斯,或古代宇航员什么的,那么你的视线又将重新回到这些文字中,以为自己找到了答案。对于你可能想提但没说出口的问题,我要回答你,不,本书中并没有用UFO、古代宇航员,或者是我们那些来自亚特兰蒂斯大陆的神秘朋友来解释书中所写的案例。应该承认,与展开深入研究并直指理性答案相比,还有更有趣的事等着我们,尤其是这些所谓的理性解释往往会被证明相当不牢靠。不管怎么说,没有绝对的证据能够证明古代宇航员、来访UFO或亚特兰蒂斯人不是这些案例的"始作俑者"。事实上也不可能找到类似的证据。但是,请你继续读下去——本书的作者不介意存在其他猜测。(见第8篇。)

如果你正好看到有关时空旅行的段落,你可能会突然眼前一亮。没错,时空旅行是一种合理的解释,因为人们普遍认为,人类最终会掌握这种技术。(当然,UFO、亚特兰蒂斯人以及古代宇航员也算是合理的解释——如果它们能得到科学确认的话。)正如本书中多次提到的,有一些现象很适合用时空旅行来加以诠释,但还有一些现象则并非如此,毕竟,就所谓来自未来、掌握着超前科技和知识的人而言,其必然与我们或以前时代的人有着完全不同的行为方式。接着读下去你就会发现。(毕竟,试图用时空旅行者来诠释这些不解之谜,需要假设这些来自遥远未来的人与我们有着类似的思维方式。而事实上他们所思所想所为可能与我们完全不同。)

最后,如果你提前阅读到本书所提到的"奥卡姆剃刀"或"理性诠释",那么,你可能算找对地方了。然而不幸的是,它也未必能让你感到满足——对于各种颠覆性时空错位或任何其他形式的错位,不存在任何一种"普适性"的解释。我们唯一能确定的是,"过去"发生在"现在"之前,而"现在"则处于"未来"之前,但过去的人一样能"预测"或描绘未来。换句话说,至少,我们应考虑一种可能性,即过去的人和现在的我们一样聪明,尽管他们没有我们这么多信息,没有我们所拥有的经系统研究、有充裕资金支持、经同行评定审议、在互联网广泛传播的知识。

而这些时空错位现象的确发生了,在没有经系统研究、有充裕资金支持、经同行评议审议、在互联网广泛传播的知识的情况下。请接着往下读。

机器：真的还是假的？

- ① 圣母与手拿玩具直升机的圣子　004
- ② 古代计算机　008
- ③ 罗马人与机器之战　014
- ④ 罗马人与死亡射线　018
- ⑤ 罗马蒸汽机　022
- ⑥ "汉利号"潜艇　027
- ⑦ 蒸汽时代的计算机革命　033

建筑

- ⑧ 帕台农神殿　041
- ⑨ 万神殿　046
- ⑩ 斯芬克斯　052

时空错位的艺术品

- ⑪ 伏尼契手稿　059
- ⑫ 法老的玩具飞机　064
- ⑬ 肯纳威克人　069
- ⑭ 真正失落的硬币　074

实践、信念和知识

- ⑮ 哈尔王子的现代外科手术　081
- ⑯ 显然不是平的　085
- ⑰ 阿基米德，从现在到永远　090
- ⑱ 纳尔逊机智果断的本领　094
- ⑲ 飓风帕姆　098
- ⑳ 天狼星和多贡人　103

目录 Out of Place in Time and Space

生活和事业

㉑ 发明现在　111
㉒ 个人对抗时代错位　116
㉓ 阿肯那顿　121
㉔ 更多的救生船　125
㉕ 漫画家猜对了　130
㉖ 电脑时代到来之前的程序员　136
㉗ 不是在加利福尼亚　141

图书、电影和计算机

㉘ 珍珠港　150
㉙ 阿波罗　156
㉚ 20世纪的"预言"　161
㉛ 1945年的互联网　167
㉜ 《桃色风云：摇尾狗》　173

近代及之前有关UFO的描述

㉝ 圣母与UFO？　183
㉞ 1710年的飞碟？　187
㉟ 1428年的《独立日》？　192
㊱ 1486年的激光？　196
㊲ 1350年的UFO？　201

天文学上的"未卜先知"

㊳ 土星神秘的卫星　208
㊴ "不合时宜的"火星卫星　213
㊵ 好些了　219

结论　226
致谢　229

Out of Place in Time and Space

机器：真的还是假的？

显然，所有的科技都应源于此前的技术。例如，远洋客轮必然是从中小型船舶发展出来的，中小型船舶又是从能用于航海的轻舟发展出来的，而轻舟则是从小独木舟发展出来的。工业用蒸汽机是从低压蒸汽机发展出来的，后者又是从气压蒸汽机发展出来的……飞机是从滑翔机发展出来的，等等以此类推。

错。

基本上，本章第一段适合作儿童或科普读物的介绍，很适合讲给那些围坐在篝火旁、渴望被告知世间一切事物都存在合理解释的年轻人听。然而，世间有很多事是难解的谜团，它们彻底打破了上文所说的"等等以此类推"。

比小独木舟更加原始的水上交通工具是一个人游泳时手里拿的一块用作救生设备的木板，显然，你很难说独木舟源于某位游泳者手拿的木板。比气压蒸汽机（纽科门蒸汽机）更原始的只有火炉上冒着蒸汽的烧水壶，而在托马斯·纽科门之前，没有任何人想到能借用此原理制作出机械动力设备。比滑翔机更原始的只有一样，即某人在胳膊上粘上羽毛，然后纵身跳下悬崖，其结果只会是受伤或送命。

换句话说，你不能只是简单地把某件设备简化再简化，或者是不断移除其组成部分，以此来追溯其发展史，最终追溯到"大爆炸"后第一堆聚合在一起的原子。技术的发展和人类的创新并不是以这种方式运行的。

相反，往往是在人类历史发展的某个节点，有人突然发明出某样全新的、有用的东西。此后，使用它们的人会不断寻找方法对其作出改进，从而推动其稳步向前发展。

本章主要探讨的就是类似的例证，即人们发明出某样全新的、具有潜在实用价值的东西，这些东西可能会有悖于现代人的想法或者有违技术发展的时间轴。它们的一个典型特点就是，在其问世的年代，当时的人们远不足以明白其用途及欣赏其价值，导致其创新被彻底淹没在历史尘埃中。

这些东西的作用和价值不被欣赏的确是件很遗憾的事，其发明者所付出的努力最终无法克服其所处时代民众的心智局限性。不过，我们的重点不在于感叹我们祖先的愚蠢顽固（当然也许在篝火边听故事时可以这么惊叹下），相反，我们应该认真思索并查找我们自身存在的心智局限性。在我们所处的时代，也有人"凭空"发明创造出一些新奇的东西，一些有可能开启新一轮科技革命的产品。我们会明白并欣赏其价值吗？

继续读下去，然后请对此作出自己的判断。

01

圣母与手拿玩具直升机的圣子

在这幅绘制于 1460 年的油画中，圣子基督摆弄着一架玩具直升机，而根据历史记载，300 多年后人类才发明了直升机。《圣母、圣子与圣本尼迪克》出自由 15 世纪法国画派画家所绘《维万的希波吕托斯修道院》（三幅一联油画），现藏于法国勒芒的泰斯博物馆。图片获布里奇曼艺术图书馆授权使用。

技术的进步就像时间的前进一样，总是以可见并可界定的步伐向前。对于直升飞机的发展史来说，我们也能看到清晰的发展轨迹，从1784年第一架升空模型开始，到1906年首架载人飞行器，再到1936年具备基本功能的飞行器，再到不足10年后的大规模生产。

如果你不假思索、毫无保留地接受了上段的说法，那当你看到《圣母、圣子与圣本尼迪克》画作——绘制于1460年的三幅一联油画中的一幅时，就可能会感到极为困惑。这幅画的作者是"维万的画师"，或者也许可以称其为"不知名的当地画家"，该画现藏于法国勒芒的泰斯博物馆。

你会看到，在画中，幼年的基督手里摆弄着一架拉线式的玩具直升机，他右手拉着的那根线绳系绕在一根棍上，小棍穿过一个中空的圆球形物体。在棍子的顶端有四个倾角一致的叶片，拉动线绳，棍子和叶片就会旋转并弹向空中。你会看到，这个玩具的确很像直升飞机，而公认为第一架有据可查并能飞起来的直升飞机模型建造于这幅画作诞生的三百多年后。

没错，达·芬奇的确曾提出过直升机的概念。但是，在这幅画作问世时，达·芬奇只有8岁，而且他设计的那个著名装置——和画作中的玩具一样——也没有制动转矩功能，而绝大多数直升机尾桁末端的旋翼都有这个功能。要知道，如果没有这一功能，飞行器的机身就会向旋翼相反的方向旋转（当然旋转的速度会慢一些，因为机身更重），从而很难实现载人飞行。

如今，直升机已是人们司空见惯的东西。任何与该画中所绘物体类似的东西都有可能会被看作是玩具直升机。这位画家所绘的玩具飞行翼事实上非常简单原始，需要玩的人用力拉线绳来推动那根棍子旋转。

然而，在直升机（或其他任何飞行机械）尚未问世的时代，这种玩具是怎么被人想象并制造出来的？如果有人曾乘坐时光机回到15世纪，并且留下了这类飞行器作为礼物，那他或她肯定也应该给当时的人留下有关翼片和滑翔机一类的信息和知识，这些东西显然要简单得多，更容易让当时的人掌握和实现载人飞行。

与此同时，云朵和飞鸟曾激发过许多梦想家的灵感，让他们发明出热气球和飞机。但是自然界唯一像直升机的东西就是悬铃木的种子，它们会像旋翼飞机一样从树上落向地面。观察这类种子的旋转下落可能只会让人晕眩。

最简单的解释就是，这个玩具源自一种类似旋转风车的玩具。这种风车有彩色叶片，有风时会自动旋转（或者当你挥舞它的时候），形成五彩缤纷的颜色，可能还会发出一些声音。风车垂直交错的叶片有点像十字架，因此一些艺术家会把这一类似宗教符号的形象引入自己的作品中，所以风车偶尔的确会出现在描绘圣子的画作中。

在过去的某个时代，有人很有可能会发现，在没风的情况下，人们也可以用手推着风车叶片旋转，如果这种类似"竹蜻蜓"的玩具旋转着飞了出去，那看上去一定很有趣，尤其是对小孩子们来说。有史料表明这种玩具可能来自古代中国，虽然相关证据还不够多。但是，既然这个"直升机玩具"的确出现在了那个时代、那个地方，那么，我们有理由猜测，跟其他发明的演化史类似，它也应该源自某种能旋转运动的风车。

这样，这架直升飞机就成为人类历史上第一架飞行器。然而，它似乎并未对科技的进步产生任何影响。几个世纪来，其潜在的价值和作用完全被忽视。毫无疑问，人们只把它当作一种玩具，一种太过孩子气、无法用于严肃研究的无用之物。

但是，显然，它属于第二种颠覆性时空错位物品，其潜在价值和作用没有得到当时人们的发现和认可，因为它应该来自未来。在直升飞机成为我们时代常见的东西之后，我们才发现了它的实际面目，因此它成为第一种颠覆性时空错位物品。

在古印加人的墓室中，我们曾发现过带轮子的玩具，然而，古印加人当时并没有使用有轮工具用于交通运输，尽管其建有延伸向四方的复杂平坦道路网。看到这，有些人可能会忍不住想，那当时的印加儿童玩什么样的玩具呢？这可能有点想多了。如果我们明白了"杯与球"玩具（译者注：一种传统儿童玩具，由一个木杯、手柄和小球组成，小球位于杯中，以一根线绳与手柄相连。该玩具在拉美地区西语国家非常流行）复杂的力学原理或运动轨迹，这会带来某种改变人类文明的巨大突破吗？在玩这种玩具的时候，孩子们会唱到："……嘘！嘘！我们都倒下！"这又有什么深刻的含义吗？

　　再想一想，也许难得糊涂才是福。

02

古代计算机

上图是"安提凯希拉机械"的一部分,由一大堆遭严重腐蚀的齿轮部件组成,1901年在希腊海床上被发现,一些人认为这是一台古罗马时代的计算机。图片来自维基共享资源,其使用已获授权。

复杂精巧的联动齿轮与钟表的发展史紧密相连。较为原始的钟表大约于1300年出现在欧洲，其发展具有相当的连续性，大约在1600年左右，人们掌握了制作较为精确钟表的方法（意味着其每天误差仅为一分钟）。1761年后，人们又发展出可帮助海员进行远洋精确导航的精密计时钟表。至于复杂的计算设备，第一个成功的成品由布莱士·帕斯卡于1642年发明。特别复杂的周转轮系（也被称为行星齿轮传动）装置——即齿轮绕轴旋转、轴自身绕某个齿轮旋转——则直到工业革命时期随回转机械的出现才逐渐面世。

可以看出，齿轮、钟表和机械计数器的发展符合时代发展轨迹，始终呈线性稳步向前发展。

不幸的是，安提凯希拉机械的存在打破了这一复杂、但始终向前的正常发展轨迹，因为这个由复杂齿轮——包括周转轮系齿轮——组成、像钟表一样的计算设备问世不迟于公元前65年。甭管它"长得"多么现代，显然裘里斯·恺撒可能也用过它。

1901至1902年，几位采集深水海绵的潜水员在地中海的海床上发现了一堆古罗马时代的残骸，其中就有这个设备，具体的发现地点在安提凯希拉岛附近，这个小岛位于较大的凯希拉岛东南偏南约10英里（安提凯希拉岛由此得名），处于希腊陆地与克里特岛之间的海峡中。最初被发现的时候，其表面似乎包裹着一层硬壳，大约有一本大开本书那么大，剖开外壳后，里面是一大堆锈迹斑斑的青铜齿轮组件。随后人们又在附近发现了大约80块类似残片，似乎都属于一个更大的物品，而最初发现的这个青铜齿轮组件是这个物品（不管它到底是什么）最大的部分。可能在这片海床中还埋藏着其他的残片。

它显然是某种钟表机械，但迄今研究尚无法证明它到底是什么，因为其损毁严重，且其他部件都牢牢地黏合在一起。X光射线技术的出现使研究者们得以一窥其内部，并能准确数出每个齿轮上有多少个齿，甚至能看清包裹在其他部件中的某些部件上所刻写的文字。此后，随着计算机的不断发展并走入千家万户，人们对这个奇怪机械也有了新的认识。

如今研究者似乎达成了共识，安提凯希拉机械应该是台计算机。

是吗？不见得——请往下读。

要想驱散各种迷雾并发现其真相，我们首先需要假设它不是一台计算机，因为它既不能运行软件来帮助罗马帝国编制预算，也不能帮助当时的代笔人在纸莎草纸上撰写书卷。它最多只能算是"模拟计算机"，即其功能是"模拟"某些物理或自然现象，从而让使用者能预测或控制其他一些现象。曾经有段时期，所有计算机或计算设备都只是模拟计算机。太阳系模型（有着准确的行星运动规律）、巴拿马运河的控制系统、计算尺、用积分解决微分方程的齿轮设备、老式的大炮火控系统等等，都是模拟计算机的实例。其"程序"都为事先设定并固化在设备中，只能用于原始设计用途，不能重新"编程"用于其他任务。

如果它真的是个能产生计算结果的模拟计算机，那么对安提凯希拉机械齿轮组的研究应该能揭示其设计目的和作用——假设有足够残片的话。在经过一个多世纪的研究后，人们已初步确定了这一机械30片组件中29片的用途（要彻底揭示其用途可能还得看仍藏于海床中的其他残片）。

最新的看法是，这东西可能是个厚厚的长方形盒子，前后都有标度盘，侧面有一个可摇动的曲柄。

其中一面有两个大标度盘，位于一道螺旋线的中央。两个标度盘都有滑轨，这样，其指针能随着环绕在其外围的轨道移转。其中一个标度盘用于默冬周期（译者注：古希腊时期为解决无从比较太阴历及太阳历的问题，曾制定出该种历法，即地球绕太阳旋转的期间系由前后两个夏至间隔时间来决定），另一个用于沙罗周期（译者注：指长度为6585.32天的一段时间间隔,每过这段时间间隔,地球、太阳和月球的相对位置又会与原先基本相同,因而前一周期内的日、月食又会重新陆续出现。每个沙罗周期内约有 43 次日食和 28 次月食)。

默冬周期可用于协调阴历和阳历,以 19 年或 235 个太阴月为一个周期。该表盘存在是有必要的,因为根据阴历月份计算和根据阳历月份计算会产生不同的结果,而在当时,两种日历同时存在,且直到今天人们仍在使用它们。

沙罗周期用于准确预测日食和月食,以 223 个月为一周期,其存在也很有必要,因为有些日食在地球的任何地方都无法被人们用肉眼观测到。

这一面还有几个小一点的表盘,显示所要查询的日期是否属于奥林匹克运动会(或其他几个运动会)举行的年份。

这个东西的另一面也有一个大标度盘,上面有多个指针。其中一个用于设定或显示日期,其他指针可以显示太阳和月亮位于黄道带的相应位置,另一个指针显示月相。可能还存在其他指针,用于显示行星(有可能是水星、金星、火星、木星和土星)的位置,但这些指针可能还埋在海床上或就被裹在这一大块东西里面。

据估计,使用者可以用它来设定一个日期,然后确定相关天体同期位于什么位置;或者设定天体的位置,然后确定相应的日期。它可能用于城市规划、设定节假日日期(当时这些日期与天文天象紧密相关,在我们时代,复活节等也是如此)。对于航海,它可能起不到什么用处。

在此后的 1500 年里,复杂到这种程度的机械再未出现过。尤其值得一提的是,这一复杂的齿轮传动结构可以较为精确地测量月球运动,并准确反映出月球轨道速度变化的特点,即当月球靠近地球时,其轨道速度增加,远离地球时,速度降低(虽然古代的天文学家们并不真正明白这一现象)。为模拟这些比值变化,设计者们使用了两套周转(也被称为行星公转)轮系。据我们所知,这种周转轮系直到工业革命时期才再次出现在世人面前。其实你开的自动挡汽车里可能就有类似装置。

这套装置从何而来？如果排除这是时间旅行者遗留之物这种可能性的话，那么，我们只能认为它是古希腊文明的产物了，这既是因为该物体表面铭刻着古希腊文，也因为它是在希腊周边海域被人们发现的。罗马独裁者苏拉曾于公元前86年率军洗劫过雅典，以迫使其臣服于罗马帝国。据史料记载，其中一艘装载战利品的船只就沉没于安提凯希拉岛附近，该岛正处于从雅典到罗马的海上通道之间。然而，对安提凯希拉机械埋没区域中其他同类物品的分析发现，它们并不属于雅典，而是来自更遥远的东方，例如帕加蒙（位于如今的土耳其境内）。

不管这些货物是在哪个港口装上船的，安提凯希拉机械上铭刻的文字包括月份的名称，而且用这种月份名称的地方应该是伯罗奔尼撒半岛北端的科林斯，而非雅典，这表明其制造者（或使用者）应该是处于雅典西南部的其他古希腊城邦，或者是科林斯的某个殖民地（与宗主国使用相同语言的殖民地）。科林斯也曾在公元前146年遭受过罗马人的洗劫，所以可能并不是安提凯希拉机械的"老家"。西西里岛最重要的古希腊城邦叙拉古过去是科林斯人的殖民地，曾于公元前212年遭受过罗马人的洗劫（罗马人当时经常四处劫掠），据史料记载，当时罗马人的统帅扣留了两件战利品，都是展示太阳系天体运动的机械模型，其制造者就是叙拉古最有名的公民——阿基米德。那位罗马统帅后来将其中一件捐给一所罗马神庙，另外一件则成为其家族的传家宝。

罗马演说家西塞罗曾在其一场哲学对话录（写于公元前51年）中提到过这件传家宝，对话的对象是那位罗马统帅的一位后裔。西塞罗承认他记不太清楚当时的场景了，但另一方面他也并不认为这件机械看起来令人印象深刻。当然，从外表看，安提凯希拉机械就是一个上面有表盘和摇柄的盒子。（西塞罗还提到过另外一个类似的机械，由同时代的希腊罗德岛某位天文学家所制作。）

那么这是否能说明，安提凯希拉机械应该也是阿基米德这位叙拉古"疯狂"科学家的另一件超前杰作呢？在本书中，他的发明可是占了相当大的比例，包括颠覆性时代错位的战争机器、死亡射线、微积分、粗集理论等（见第3篇）。但是，坦率地说，将这件机械归于阿基米德名下有点牵强附会，因为安提凯希拉机械沉入大海的时间（最新研究表明大约在公元前65年），比阿基米德罹难时间晚了约一个半世纪。

可能性更大的是，安提凯希拉机械是某件传统齿轮联动研究装置的一部分，这种装置问世的年代至少可以追溯到阿基米德。我们已无从考证是否有某位铁匠决定在开船前决定将其分拆装运，但不管怎么说，该机械的复杂精密程度表明其必然经历了几代人的发展——不仅是这些精密齿轮机件的设计与制作，而且也包括对天体运动的充分了解。（西塞罗——其本人并不是天文学家——随口就能说出三种类似的设备。）

我们更需要问另一个问题，即这种复杂先进的工艺怎么就失传了。可以想象，随着时光的流逝，有关此类机械的信息逐渐消失在历史长河中，其价值和作用渐渐不被人所知，制造生产这些机械所需的传统创新工艺也不再为人了解和重视。因此，我们可能应该感谢古罗马人给我们留下了这样的遗证。

与此同时，安提凯希拉机械最终变成第二种颠覆性时空错位的范例，也就是说，在它刚被从海中打捞出来的时候，对于当时看到它的人而言，它从某种角度说属于未来，因此令人感到费解。就像电脑，在1901年电脑远未问世前，它不可能为人所知、被人理解。随着时光的流逝，后来的人们开始思考，为什么这台电脑会出现在过去，这样，它也逐渐成为第一种颠覆性时空错位物品。

当然，这建立在一种假设上，即我们已经发现并明白了这件机械的一切，但没准在它身上又会出现某些我们无法了解的东西，从而令其再次成为第二种颠覆性时空错位物品，毕竟，它还有一些齿轮组件我们尚未找到。

03

罗马人与机器之战

叙拉古位于地中海中部，在罗马与迦太基一决雌雄的年代，其有着重要的战略地位。作者绘图。

如果看到有关公元前214年叙拉古围城战的描述，你可能会觉得这像是一场古代版的"世界大战"。城中的守卫架起神秘的巨型器械，猛烈轰击攻城的罗马军队。要不是因为有严苛的军队律令，罗马战士早就吓得崩溃了。

这听起来更像是部非常不错的科幻小说。如果依此拍部电影，绝对会像《地球停转之日》那样精彩奇幻。

不幸的是，这个故事来自一些严谨的古代史料。上述围城战是布匿战争中发生的一幕，有关布匿战争——罗马与迦太基两大帝国之间的殊死之战，并最终将地中海地区绝大多数城邦都拖入战火——的史料称得上是汗牛充栋。

叙拉古（今名锡拉库扎——译者注）是西西里岛上的主要城邦，其统治者在相当长一段时期选择雌伏于罗马帝国羽翼之下，这令其享受到55年繁荣和平的岁月。这位统治者还全权委派数学家阿基米德——天文学家、数学家菲迪亚斯之子——负责城市防御规划，这使阿基米德获得足够的时间和资源，利用工程技术重新打造城市防御体系——要么他进行得足够隐秘、让罗马人没有嗅到任何痕迹，要么罗马人根本没弄明白他在干什么（这种可能性更大，毕竟双方是盟友）。

在这位倒向罗马的叙拉古统治者死去时，迦太基名将汉尼拔（听说过吧？用大象作战的那位）正率领大军在罗马帝国内陆四处纵横，消灭一支又一支的罗马军团。在群龙无首的情况下，叙拉古倒向了反罗马阵营，罗马帝国立即派出一支庞大的远征军试图重新掌控该城邦。

接下来发生的事得到三部古代文献的共同印证，其作者分别是波利比奥斯（记述于公元前110年）；李维（记述于渥大维时代）；普卢塔克（记述于公元 100 年）。

当时，罗马人同时从海陆发动进攻。但狂风暴雨般准确快速的投掷火弹，包括 250 公斤重的大石块使其甚至无法接近城墙。现代分析家们认为，这证明叙拉古人掌握了带有中央火控功能及精密测距器的投射技术。

此后罗马人尝试发动夜攻，并冒着无休无止的猛烈"炮火"成功抵近城墙。

下面发生的就非常有趣了。

罗马海军动用了排水量达 100 吨的帆船战舰，该船船长超过 120 英尺（约 36 米），载有 400 名船员，包括划船者（并非奴隶，别信电影《宾虚》的）。根据罗马人的作战计划，这些战船将突袭面向大海的一段城墙，然后罗马海军士兵从战船上的塔楼扑向城墙。（你没看错，罗马人的确有海军。不然你以为他们是怎么建立起这么庞大帝国的？）

然而，当罗马战船逼近城墙的时候，罗马人发现，城墙后面架着许多巨大无比的机械，上面有不少巨大的杆状物延伸向海面。

这些机械既能挥动沉重的巨杆砸向罗马人的战船，将船体砸个粉碎使其沉向海底，也会抛出巨大的爪钩抓向船体，一旦抓住，它们可以将船牢牢束缚住；如果抓住船体一侧，则可以令其侧翻；如果抓住船头或船尾，则可以将其彻底掀翻。有时爪钩会将罗马人的战船完全拉离水面，扯向空中令其不停旋转，最终导致船上人员被活活摔死或撞死。

在城墙外侧的陆地上，也架着许多类似的机械（可能小一些），可以轻松将罗马步兵抓起来抛向空中。

显然，叙拉古的防守者们（在阿基米德的领导下）建造了很像现代吊塔式起重机一样的机械，机械垂直杆的顶端还设有水平臂。在不具备现代引擎的条件下，他们一定是使用吊锤之类的东西来"驱动"这些机械的，当然实际结构可能显得过于繁复。（实际上可能就是把"起重机"并排架在城墙上，就像古代许多港口建造的货运"起重机"一样。一些现代分析家认为，这可能没什么令人吃惊的，也不一定会让罗马人大吃一惊，因为这些"起重机"就高高地架在那儿,看上去一目了然,而且这类"起重机"也不可能把战船拉出水面。)

那么,阿基米德是如何设计并制造出这些巨大且作用非凡的机械的呢?如果排除时间机器存在的可能性,那么阿基米德应该从没见过现代起重臂。事实上,即便他见过,他也可能会感到沮丧,因为缺乏类似的动力设备去驱动起重机。

最简单的答案就是,阿基米德是个罕有的天才,而且当时他得到了统治者的全力支持。说他是"天才",这可不是随随便便说的,下次你看到有人在使用杠杆或螺钉什么的,你可以想想他。或者,今后当你看到某样机械设备(使用数学模型来预测及控制其工作的设备,那个时代可没电控设备)的时候,你也可以好好想想他。

可惜阿基米德等人的努力并没有像小说一样有着完美的结局。面对这些强大的机械,罗马人的确退却了,但随后他们克服恐惧并开始围困该城,以期令守军断水绝粮,无力反抗。对此,叙拉古军队的统帅们决定在节日期间向守城士兵发放足够定量的葡萄酒(尽管当时粮食已近见底),试图激发他们的战斗力。罗马人随后成功夺取了一段城墙,但是他们很快发现整个城市被许许多多城墙分割成好几块,因此不得不花费了好几个月的时间逐段夺取城墙,期间还不得不借助饥荒、瘟疫、暴行和野蛮劫掠的帮助。

阿基米德死在最后一片街区陷落并遭罗马人劫掠的时候。关于他是如何罹难的,有很多种说法,但显然当罗马士兵站到他面前的时候,他并没有给出"合适"的答案。

至于他设计制造的那些机械,史书中没有任何后续记述。如果罗马人后来继续使用它们的话,那还真不容易,因为操作这些机械需要太多技巧。

04

罗马人与死亡射线

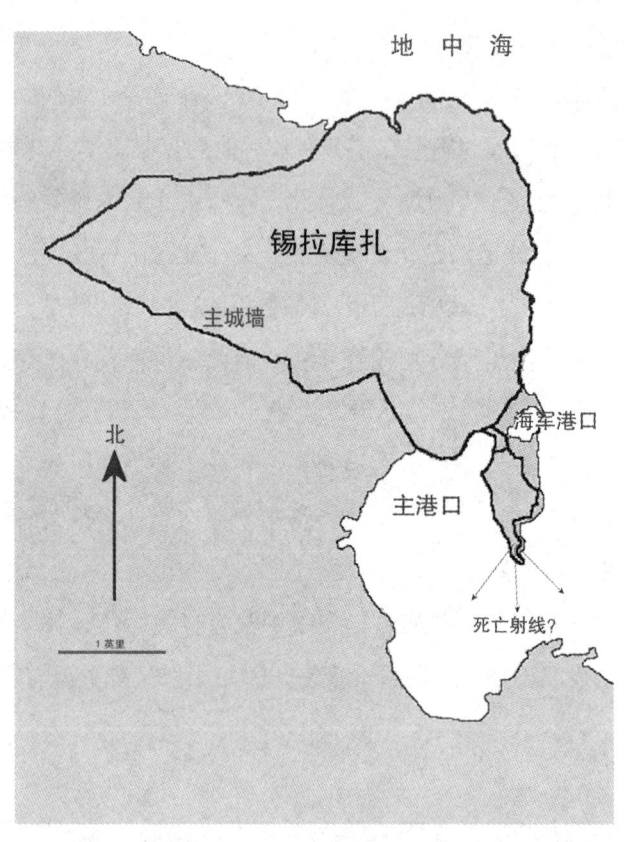

公元前214年叙拉古的地形图,该图显示出阿基米德是如何使用"死亡射线"来守卫港口入口的。作者绘图。

正如你在上一篇看到的，公元前214年发生的叙拉古围城战因出现令罗马军团闻风丧胆的巨大战争机器——有可信史料为证——而闻名。这场战争看似来自科幻小说，但它的确发生了，并成为第二种颠覆性时空错位（即来自未来）变为第一种颠覆性时空错位的典型案例。罗马人不可能明白他们所看到的神秘机械，因为它们来自其未来，而我们这个时代有此类机械（起重机），并且明白古代史学家说的是什么。

在本章，我们要关注的是，叙拉古围城战同样因首次使用死亡射线而出名。

我没开玩笑，确实是死亡射线。但是，我们也必须承认，有关阿基米德死亡射线的史料记载远不如此前提到的战争机器那么详实。

公元170年和公元500年残存下来的少量相关史料给后人——从中世纪到现在的人们——留下一个令人难以置信的猜想：阿基米德利用镜面聚焦并反射阳光，引燃罗马人及其武器装备。

然而，截至目前我们投入了几十亿美元用于相关武器研发，却仍未开发出类似的、可用于实战的武器。

最简单的解释是，阿基米德也没有制造出此类武器——至少是致命性的武器。首先，我们需要注意，相关残存记载都撰写于叙拉古围城战结束400年和700年之后，其作者掌握的第一手资料并不比我们现代人更多。第二，你可能会认为，罗马人在经历过这场血腥残酷的大战并返回罗马后，首先想到要记下来的就是可怕的死亡射线。然而，相关原始资料（波利比奥斯、李维及普卢塔克所撰写的史书）却根本没提到过这种东西。

现代的人们尝试过多种方法来复制类似或接近阿基米德死亡射线的东西，包括希腊海军在1972年及《流言终结者》电视节目在2005年进行的尝试。二者在试验中都使用了多组广告牌大小的抛光金属镜——阿基米德时代的人们有可能做出的东西。希腊海军向50米外的目标聚焦光线并成功引燃一团火焰。《流言终结者》节目组向30米外目标聚焦光线，基本上只能令目标物碳化。

二者选择的目标都处于弩弓、箭、甚至弹弓的射程之内，这很好理解。

阿基米德当时可能也使用了类似的东西来聚焦阳光，因为他写过一本有关抛物线形——可用于镜面——的专著。但是，要引燃罗马战船却绝非易事。

我们可以想一想：很多时候（包括现在），社会名人和影视明星在墨西哥海岸奢华专属海滩上休闲度假的时候，会雇佣一些人守在海滩上，举着大大的镜子，将阳光反射向那些在不远处乘船偷拍的狗仔队脸上，以干扰其偷窥、阻碍其照相，并令其感到眼睛或身体不适。

在墨西哥卡波圣卢卡斯附近地区，就有这样的名流度假地，该地位于下加利福尼亚半岛的南端，其海滩朝南，并位于北半球，这意味着一年到头人们都可以在白天享受到阳光。

叙拉古也位于北半球。它有两个港口（大一点的主港口和小一些的军港），这两个港口的出口处都有一个朝南的指挥位，因此这个地方可以安装镜子，反射阳光以干扰罗马哨艇的视线，从而起到封锁港口的作用。叙拉古军队没必要等到晚上，让夜色影响罗马战船的突进，他们可以在白天用镜子晃瞎敌军后抢先发动突袭，从而先声夺人、取得优势。看不清方向的敌军舰船甚至有可能撞向海岸或礁石，当然，如果能点燃敌舰那更算是额外收获了。

这可能是对阿基米德死亡射线——如果他真的用镜子的话——最简单的解释了。然而，虽然最简单的解释往往是最容易让人接受的解释，但必须承认，它并不总是正确的解释。

另一种可能性是，死亡射线的确存在，但阿基米德用的不是镜子和阳光（相关资料确实不多）。这意味着他可能使用了某种能量射线。但是我们必须承认,阿基米德不可能有现代化的、复杂的、以重金属打造成的各种设备,用于生产、储存、传输电力或其他能量,因为这会留下大量的证据。我们还需要进一步假设,古代历史学家之所以没有提到这种射线,是因为他们完全不明白当时发生了什么,只能将其归因于恶劣天气。

这可能有点牵强,但请记住——我们讨论的是阿基米德。

所以,如果死亡射线的故事是真的,那么它显然属于第二种颠覆性时空错位。换句话说,因为其可能属于我们的未来,所以我们也不明白。

时间会告诉我们一切。

05

罗马蒸汽机

一种汽转球、或古罗马时代蒸汽机的素描图。由 NASA/nasaimgaes.org 提供图片。

工业革命的奠基石是蒸汽机及其所提供的前所未有的强大能量。第一台具有实用性并投入市场的蒸汽机是1712年的纽科门蒸汽机。其由蒸汽膨胀推起活塞，然后将冷水喷雾注入气缸，使活塞下的蒸汽凝结，造成真空，随后活塞另一面的空气压力推动活塞，如此反复推动活塞运动，进而产生能量。1774年，瓦特蒸汽机投入市场，该机型将气缸与凝结缸通过一个阀门分开，使蒸汽机的热效率成倍提高。这些早期的蒸汽机压力都比较低，适用于矿场和工厂。1800年，体积更小、压力更大、热效率更高的蒸汽机逐渐开始占领市场，并被广泛应用在蒸汽船和火车头上，与使用风力或畜力的传统帆船及马车相比，它们有着巨大的优势。蒸汽机的问世极大地降低了货物的运输成本，进而为经济快速扩展提供了巨大助力。

故事讲到这，并不会让人感到任何不安，因为这充分表明社会的进步是实用科技所带来的必然结果。但这种愉悦感和轻松感很快就会消失，因为我要告诉你，古希腊和古罗马时代就有蒸汽机了，而蒸汽机在那个时代的出现很难让人将其称为一种进步。事实上，它有可能是藏在我们眼皮底下的时空错位案例之一。

一个确切的证据就是一本名为《气体力学》的专著，其作者是亚历山大港的希罗（虽然亚历山大港在埃及，但人们通常认为希罗是希腊人，而非埃及人），成书年代为公元60年。这本书描述了几十种以压缩空气或流水驱动的小型装置，其功用是在门被推开时发出鸣笛声。这些装置中的绝大部分被用于希腊神庙。当然，希罗不会跳出来告诉你说，这个装置实际上是为了营造某种"神迹"，从而令虔诚的信徒们心生敬畏之情。这在当时的确挺有用的。不过，还有一些装置似乎并没有什么明确的用途。

该书第50章介绍的那个装置似乎就属于后一种。它被称为气动球

（aeolipile），其词源是 aeolus（希腊神话中的风神埃俄罗斯）和 pila（拉丁语，意为"球"）。希罗描述了这个看起来相当复杂的装置，它有一个带盖的汽锅，汽锅的盖子上有两根管子通向一个金属球的两侧。这个金属球能够绕着管子旋转，而管子充当了旋转的轴，就像地球仪中的那根支柱。从这个球的中央位置（如果继续拿地球仪打比方的话，相当于地球仪的赤道位置）伸出两根通风管，管子末端沿着赤道的方向弯曲并指向相反的方向。把水注入汽锅并煮沸后，蒸汽就会通过入口管进入金属球，然后再从出口管中喷出去，从而使球旋转起来。

所以你看，这就是一台蒸汽涡轮机。装上一根传输带就会变成小型泵一类的东西。这东西的效率可能不太高，但只要你不停烧火并向汽锅中不断注入水，这个气动球就会永不停歇地旋转。但是希罗并没有提到任何类似的利用方法，显然对他或当时的人来说，一个会旋转的球就是最大及唯一的看点了。

公元前25年，即《气体力学》成书的85年前，罗马人维特鲁威（可能曾当过裘里斯·恺撒军团的弩炮手）撰写了一部名为《建筑十书》的著作，其中在第一卷第六章中也描述了汽转球。根据维特鲁威的介绍，这是一种空心并有小开口的黄铜球，向其中注入水，并点火加热，等水开后，就能看到自然界是如何通过热与水汽创造出风这一奇观的。

他写这段话的目的并不是为了介绍汽转球，而是以此来强调他自己的一个观点，即人们必须认识到运动中的空气是一种颇为强大的力量，因此在设计并建造城镇时，应注意街道的规划，避免令城市居民遭受由此可能产生的气流或狂风吹袭。显然，他之所以会随口提到汽转球并以此来说明自己的观点，是因为他明白其读者对这种装置应该很熟悉。

换句话说，我们有理由相信，原始的小型蒸汽机是罗马人（至少是受过教育的罗马人）生活中一种司空见惯的东西，要么作为一种"自动型"玩具，要么作为神庙中营造神秘感的装置。从这两部时间跨度达85年之久且内容并无直接关联的著作中，我们可以得出一种较为合理的假设，即这种东西的使用范围应该不小，而且当时的人们应该为其开发出了多种实际用途。

那么，为什么罗马人没有更进一步，将其用途扩大并发展至工业应用呢？最简单的答案就是，他们有大量的奴隶以及（或者）很高的失业率，因此不会花心思去思考和创造节约劳动力的方法。

根据罗马史学家苏维托尼亚斯的记述，罗马皇帝维斯帕西安（公元9～79年）有一个有趣的轶闻（在维斯帕西安辞世时，苏维托尼亚斯大概刚出生）。在尚未成为皇帝之前，他曾因在尼禄（当时的皇帝）进行舞台表演时呼呼大睡而差点遭到解职，夺取皇位后，他又因坚持拒绝仆人为其脱靴穿衣而引发一场不小的骚动。更出名的是他还是个吝啬鬼，甚至对公厕中的小便都要进行征税（当时小便是洗濯衣物所需氨水的重要来源）。但苏维托尼亚斯写道，维斯帕西安相当慷慨大方地资助了很多学者。然后他插入一段话，"Mechianico quoque grandis columnas exigua impensa perducturum in Capitolium pollicenti praemium pro comment non mediocre optulit, operam remisit praefatus sineret se plebiculam pascere."意思是说，"一位机械工程师向维斯帕西安皇帝表示，他发明了一些装置，可以用很低的价格将大量货物运送到朱彼特神殿。然而，维斯帕西安却并没有对其发明予以什么奖赏，并拒绝使用这种设备，强调说穷人必须得有饭吃。"

可以想象，维斯帕西安对蒸汽机也会做出类似的反应（假定那个工程师的发明不是蒸汽机）。不过请注意，就业问题并不总是一个重要影响因素。1712年，首批蒸汽机出现在英国并被用于矿井抽水作业，当时在封闭狭窄的空间中大量使用人力也并不现实。罗马人可能也有类似的问题。

另一方面，英国人安装第一批蒸汽机的矿井都是煤矿，他们生产出来的煤可被用作蒸汽机燃料。罗马人没有煤矿，完全依赖木柴。依赖蒸汽动力必然会导致森林遭受大面积砍伐，或者说，这种动力的成本和代价非常大。

与此同时，罗马人的冶金技术并不发达，因此有人认为这可能也是蒸汽机没有得到广泛应用和发展的一个因素。然而，英国在1712年，时的冶金技术也不怎么样，后来，英国的蒸汽机技术和冶金技术相互促进并共同发展起来。古罗马时代也有可能出现这种情况，而且，从本书第3篇所举案例可以看出，罗马人肯定懂得如何制造复杂的金属机械。

真正的原因可能与技术因素没有关系，而是因为文化。几个世纪以来，古代罗马人利用几乎同样的方式和手段建造出大量的船舶、港口、建筑和道路。在这方面，我们不应该把罗马人与18世纪的英国相比，而应与古代中国相比，中国精湛的工艺技术及能力与罗马人相比毫不逊色，但在漫长的历史进程中，他们也没有发展出一场工业革命。

从本质上讲，我们有一定理由说，罗马和中国的"传统文化"都对创新不感兴趣，尤其是对那些可能导致民众失控并帮助其挑战自身在社会秩序中固定身份地位的发明创造，它们更不会感兴趣。

所以，罗马人只能敬畏地看着旋转的蒸汽涡轮，听着神职人员借此颂扬风神的强大与荣耀，然后虔诚地跪拜下去，再整齐地排队走向神殿出口处，恭敬地将钱币投进奉献箱中去。

我们更应该问的一个问题是：今天的我们又在敬畏或熟视无睹地看着什么？有哪些文化上的弱点在阻止我们探究那些有可能掀起另一场革命并进而极大促进人类生活的事物呢？在我们的眼皮底下又藏着什么样的宝藏呢？

我们希望，人类不会再花2000年时间去得到答案。

06

"汉利号"潜艇

"汉利号"的素描图，其极具现代特点的外表下掩盖着一个事实，即它建于1863年。图片来自于维基百科公有领域。

它看起来现代得"可怕":有指挥塔、金属外壳、水平舵、有压载舱,以螺旋桨为推进器,并且还携带鱼雷。第一眼看上去,它与自第一艘正式服役潜艇(1900年美国海军的"SS1")之后世界各国海军建造的几千艘军事潜艇有着许多共同之处。

但它建造于1863年,并不具备后来的先进科技。它能正常运行,并成功地在海中发动过突袭,击沉了一艘敌舰。它是人类历史上第一艘击沉水面舰只的潜艇,但同时,它也是第一艘在训练期间就曾两次沉没并导致船员溺亡的潜艇。所以,可能更准确的说法应该是,它勉强能运行,并充分显示出贸然依赖新技术所蕴藏的巨大风险。事实上,如果它完全没法用,最终迫使其所有者不得不放弃这一项目,并转而去研究点别的,可能对他们来说还更好一点。

我们说的是"汉利号",一艘长40英尺(约12米)、重7吨的潜艇,其母港在查尔斯顿,属于美国南北战争期间南部邦联海军。该艇的设计初衷是为了对北部联邦海军舰船发动偷袭,当时联邦海军封锁了查尔斯顿港,切断了反叛的南部邦联至关重要的进口通道。打破封锁将极大提高南部联邦的生存机会。

这并非人类建造的第一艘潜艇,自古希腊时代起,人们就开始不断进行尝试,但尝试的结果大多反而更加凸显出水面舰船的优势。水下舰只不仅视野差,而且其唯一的动力来源只有风和桨,这对水下船只都非常不便。

到美国内战时期,海军工程师们已经掌握了蒸汽动力和螺旋桨。虽然螺旋桨能发挥船桨发挥不了的作用,但在水下密闭的环境中使用蒸汽并不现实。所以,当时的工程师们发明了手动曲柄螺旋桨来解决这一难题。

在美国内战期间,海军工程师大约建造了二十多艘这样的潜艇,它们都存在动力严重不足的问题。要知道，一个成年男子的"输出功率"只有约十分之一马力（虽然经过训练的运动员在突然加速时"输出功率"会大得多），所以，即便用一个10人小队来划，总功率也只有一马力，而且，其速度也并不比普通人悠闲散步的速度更快。与此同时，船员需要氧气，而潜艇的空间非常有限，这样，在"疯狂"地划动一段距离之后，他们很有可能因缺氧而窒息。

事实上，美国联邦海军在最初的几次尝试中就遇到过这样的问题。1863年4月，47英尺长（约14米）、可载员12人的"短吻鳄号"潜艇前往查尔斯顿，计划对南部叛军港口发动水下破坏行动，但在大西洋航行时遭遇风暴而最终沉没，所幸运的是艇上并没有载人。

"汉利号"就没那么幸运了。其建造者（由路易斯安那州工程师霍拉斯·劳森·汉利领导，该船由此得名）曾先后尝试在新奥尔良和莫比尔湾各建造了一艘潜艇，然后转到查尔斯顿制造新潜艇。最初，他们尝试用蒸汽和电力驱动潜艇，但最终依然只能无奈地选择用人力驱动。该船以铁板制作，常常被人误以为是一个改造过的蒸汽锅炉。当然，实际上它是有着流线形外观的定制产品。该船需要8人操作（有时是9人）。

"汉利号"的船体只有4英尺宽（约1.2米），在里面待着就像屈膝弯腰爬进一个排水涵洞一样。船头和船尾各有一个小小的指挥台。指挥官坐在船头指挥台下方，负责导航、操作水平舵并控制手摇泵（该泵控制前压载箱）。坐在后指挥台下方的船员负责操作控制后压载箱的手摇泵。其他船员坐在他们之间的一条板凳上，转动曲柄，进而带动螺旋桨。

这些指挥台只有8英寸高（约0.2米），仅仅够装下舷窗。每个指挥台上面有一个入舱口，只有14×16英寸（约0.35×0.4米）那么大，对于肩膀宽的人来说——或者是在需要紧急逃生的时候，进出真是一件很困难的事。

1863年8月初，查尔斯顿港的南部邦联海军船员开始用"汉利号"进行训练。8月29日，当浮上水面且入舱口已被打开的情况下，该船突然下沉。

最终只有3名（有说4名）船员侥幸逃脱，其余5人都溺水身亡。邦联海军将其拖上陆地，排干艇中的水，抬走遇难者的尸体，招募新艇员，然后继续进行训练。

此后，霍拉斯·汉利（虽然是非军事人员）接管了控制权。当年10月15日，他组织了一次水下模拟攻击训练，但潜艇未能返回水面。显然，汉利忘记关闭前压载箱的进水阀了。当时的压载箱实际上就是个大盆一样的东西，并没有盖，随后海水快速涌入船体。汉利及控制后手摇泵的一名船员淹死在指挥台位置，他们当时显然试图推开舱门，但由于水压巨大未能成功。艇上的其他船员也都溺水身亡。

三个星期后，潜水员们发现了"汉利号"，其船头以一个大斜角扎入港口底部的泥沙中。他们将艇拖出水面，排干积水，抬走尸体，招募新艇员，然后继续进行训练。

不过，根据上级命令，船员们这一次只需要待在水面上。当然，实际上船体刚刚被水覆盖，因此所谓待在水上和水下并没有多大差别。新艇员们成功学会了如何操作该艇，并活了下来——直到1864年2月17日。那是一个月光明亮的夜晚，美国联邦海军"胡萨托尼克号"舰船如同往常一样静静地驻守在港湾入口附近，它负责封锁港口的北路通道，防止南方海军船只突然冲入港口。这个地点距离岸边并不太远，正好够"汉利号"发动突袭并撤离。

"汉利号"上装载着一枚所谓的"鱼雷"，当然在我们看来，这东西就是一个火药桶，挂在一个顶端装有倒钩的长铁杆上，而铁杆则从船体前部伸出去。他们计划将这个带有火药桶的倒钩挂在敌舰上，然后后撤。"汉利号"船体外挂着的一个托线盘会不断释放引线，引线接在火药桶上，一旦引线放完并被拉直，就会引发火药桶上的一个触发装置，从而引爆火药桶并炸沉敌舰。

那天夜晚，"胡萨托尼克号"上的船员报告他们看到一个细长的东西正在接近本船，或就在水下，航速3或4节。他们只来得及发射轻武器，随后爆炸就发生了。除了5名船员，其他"胡萨托尼克号"船员都成功爬上桅杆，随后该船沉入浅水水域水底。

"汉利号"也没能归港。在返航途中，它第三次——也是最后一次——沉没。

1995年，人们确定了"汉利号"沉没的位置，并于2000年将其打捞上来。在对船体进行仔细检查后，人们并没有发现有任何明显受损之处可以解释其沉没原因。被发现时，船员的遗体仍位于其各自的位置，并无试图挣扎逃生的迹象。也许，他们当时决定悄悄躲在海底，以躲避周围水面大量敌舰的追踪。不久后，寒冷和缺氧慢慢让他们——甚至可能很平静、很安逸地——走向死亡。

显然，"汉利号"算得上是超前技术的一个案例。当时南方军队最终成功地将这艘潜艇投入实战，但它杀死的自己人（21人）远多于敌人（5人）。鉴于这是一场海战，那么这种交换还算可以——南方邦联海军损失了7吨级的舰只，而北方联邦海军损失了1200吨级的船只。

"汉利号"也是颠覆性时空错位的一个范例，因为这看起来像是一位现代工程师被送回到1863年，然后被要求设计并制造一艘潜艇。除了指挥台更高、更宽，以及其所支撑的入舱口更大（当然这更加方便进出）以外，现代潜艇与"汉利号"在设计上只有两处主要差异：

第一是有封闭式的压载箱，这可以令潜水艇的沉浮箱真正成为一种水箱，而非水盆，也可以避免海水从压载箱的进水阀涌入船体（"汉利号"第二批船员就是这么丧命的）。

第二个差别是使用了其他动力，而非人力。"汉利号"工程师们曾尝试过的蒸汽和电力驱动方法在1863年时并不现实。不过，在当时，压缩空气推进法却有一定实用价值，法国海军在同一时期利用该技术为一艘潜艇提供动力，该潜艇的名字叫"潜水号"（*Plongeur*），其速度和航程与"汉利号"类似，但载员数大得多，达12人。

第一枚无人操作、自动推进式反舰水下弹射武器（用现代的术语说就是鱼雷）几乎出现在同一时期，即1866年，使用者是奥匈帝国海军。它也以压缩空气推进，射程1000码（约914米），航速6节。

所以，从理论上讲，如果真有一位现代工程师回到过去那个时代的话，以其对现代知识的了解，他应该能制造出有足够马力的其他类型的"汉利号"（不管怎么说，也不可能只有1个马力），能可靠并有效地打破北方军队的封锁。这会成为一种颠覆性的武器，从而彻底改变历史。

当然，这也意味着南方会获得最终的胜利。所以，也有可能某位当时就知道我们这一时代科技的人选择不去建造这种超前的武器。

07

蒸汽时代的计算机革命

巴贝奇第二代差分机的半成品,现藏于伦敦一家博物馆。图片来自科学博物馆/科学与社会图库供图,经许可使用。

他们使用穿孔卡片馈入数据——成千上万的数据（如果需要的话），只要编程正确，数据的复杂性不是问题。他们还使用机械记忆存储数据和程序。他们发明的机器会执行循环和条件转移，并评估 if-then-else 语句。另有一台特殊的打印机能输出结果。是的，现代计算机所具备的一切基本要素都体现在这台机器上，它问世于 1842 年。

你没看错，的确是 1842 年，而非 1942 年。

现今电子计算机的"始祖"可以追溯到二战期间及二战后不久开发出来的可编程电子计算设备，包括"巨人（Colossus）、电子数字积分计算器(ENIAC)，以及电子数据计算机（EDVAC）。所以，如果第一段写的是 1942 年的话，你不会有任何怪异的感觉。然而事实是，在此一个世纪之前，英国的一个小团队就发明了计算机，使用的纯粹是机械技术。给人的感觉的是，他们似乎已经隐隐约约看到了一丝曙光并试图把它表现出来，却未能清晰、完整地做到这一点。

他们差点就成功了，给我们后人留下了无尽的遐想和揣测。与此同时，现代分析家认为，他们之所以失败，应归咎于官僚、低效的项目管理，而非他们开发出来的技术存在任何缺陷。

在这个蒸汽时代的计算机科学故事中，核心人物就是查尔斯·巴贝奇（1791~1871 年），一位富有的学者及数学家。他常常被描绘成一个古怪特异的人，这很大程度上是因为他试图当选议会议员（未成功），以及单枪匹马致力于取缔吵闹的街头手风琴师表演和禁止男孩们在街头滚铁环从而惊吓马匹的行为。但是，古怪特异的家伙可不会成为大型铁路公司咨询求教的专家，也不会成为剑桥大学数学专业的卢卡斯数学教授（从 1828 年至 1839 年）。（卢卡斯的前任之一是艾萨克·牛顿，继任者之一有史蒂芬·霍金。)

作为一名卓越的数学家,他有一项惊人的成就,即对数学用表的勘误。在缺乏计算设备的年代,对于像航海、工程及金融等这样需要大量计算工作的领域,不会看各种数学用表及快速查找答案几乎是不可能在这些行业干下去的。这些数学用表会被编制成各种特殊工具书,而巴贝奇就有一本收录了约300份数学用表的工具书。

然而,当时的数学用表都是人工计算、誊写和分类的,一步错,步步就错,而编辑们很难在一行行一排排密密麻麻的数字中发现这些错误。使用数学用表中错误的数字进行计算必然会得出错误的结果。大出版社不仅会出版含有许多错误的数学用表,也会发行用这些错误数学用表计算出来错误结果的其他数学用表和书籍,人们再用这些用表进行计算也很容易得出错误的结果。曾经有人对40本书中的数学用表进行过分析,发现有3700处错误,至于那些还未被发现的错误到底有多少,当然更是未知数了。

当时,巴贝奇看到机械的用途越来越广泛,就想到是否能运用机械来解决这个问题。

于是他于1821年启动了一个项目,希望制造出一种他命名为差分机的纠错设备,这个有手摇曲柄的设备应该能计算表项,打印出结果,并自动为其分类,整个过程不需人工干涉,因为人很容易犯错误。"差分机"得名于该机械使用的以有限差分计算结果的方法。这种方法使用重复相加和重复相减的办法,来避免使用乘法和除法,因为后两者不太容易被"机械化"。

根据巴贝奇的设计,这件设备会有25000个零件,重15吨,8英尺高、7英尺长、3英尺宽。巴贝奇从政府手中"骗"到了不少钱用于设备研发。1827年,巴贝奇的妻子、父亲及一个孩子(总共8个)在短短几个月中先后死去,令其几近崩溃。但到1831年,他的项目组依然成功将部分零件组装到一起。

然而到 1833 年，该项目最终被迫停止，因为其首席技工与巴贝奇就开支问题发生激烈争吵并愤然离去（那个人将其店铺搬到离巴贝奇更近的地方，但巴贝奇拒绝为搬迁等费用埋单）。随着政府官僚们逐渐失去耐心，政府的资助在这个时期也开始逐渐枯竭。

然而，巴贝奇依然不改对自动计算设备的执着，且进一步发展了其理念——希望制造出一种具有完全编程能力、有广泛用途、并具备独立存储器（用以储存程序和数据）的设备。他将其命名为分析机，也就是本章一开头提到的那种机器，有可进行编程的穿孔卡片，以及一个能执行循环和条件转移的处理单元。差分机就成为其处理单元的一部分。1842 年，巴贝奇对分析机做了完整的描述。他预测，这台机器能以每秒一次的计算速率进行加减法运算，并以每分钟两个 50 位数的速度进行乘法除法运算。如果建成，它将会有一个网球场那么大，并且可能需要蒸汽设备提供足够动力才能运行。

巴贝奇并没有真正尝试为建造这一设备去寻找资金，虽然他的确制造了其中某些配件。不过，这些努力倒是帮助他重新设计并简化了差分机，第二代差分机大约只有第一代的三分之一大。

自 1885 年起，他陆续建造出两台第二代差分机。当时有人（包括巴贝奇自己）担心，那个时代的生产工艺可能不足以制造出精确度足够高的金属配件。虽然这台设计理念现代、先进的机器最终只能用 19 世纪的工艺水平制造出来，但其工作状态自开始就非常良好。

换句话说，如果能再多一点耐心、时间和资金，巴贝奇的设想很有可能成功，甚至包括分析机。有不少历史小说都曾设想，如果这种计算机能出现在维多利亚时代，可能会给世界带来何种巨大的变化。不过，我们应该记住，他制造的是一种大型机，而非个人电脑。引发 20 世纪数字革命的是具备高速信息传输能力的个人电脑。我们很难设想会出现个人版本的分析机。即便它能发展起来，"高速信息传输能力"意味着要有很多信号塔，这显然也是个人没法办成的事。

除此之外，巴贝奇设计的机器主要用于计算，而非数据存储和检索。它有可能帮助政府更加准确地计算出养老金收益，但它很难存储每个公民的档案并帮助政府掌握人口发展趋势。直到1890年，美国政府所做的人口普查才算开始了类似的尝试，当时他们使用的是原始的机电制表设备，而非机械计算机。

不管怎么说，巴贝奇的设计看起来相当现代。不过，假设某位时空旅行者给予了巴贝奇以灵感的话，那么他显然没有让巴贝奇明白如何制造一台真正的现代电脑，因为，具有讽刺意义的是，巴贝奇的分析机在许多方面都要比一台现代电脑复杂得多。他设计的分析机会使用十进制数字并在内部进行十进制算法，这需要非常复杂的机械装置。现代电脑使用二进制，与之相比简单得多，只需要通过控制电子回路的开和关就能实现。巴贝奇使用单独的储存器来分别存储数据、指令和表项目，而现代计算机则利用主存存储上述三种数据。此外，巴贝奇并没有考虑过用这种设备处理文本，而处理文本是现代计算机不可或缺的功能。当然，这并不意味着当时的人们找不到处理文本的方法。

巴贝奇及其差分机显然属于颠覆性时空错位，它体现出一种只有到微处理器出现及个人电脑广泛普及后人们才认识到的一种现象：人类对于计算能力的提高有着永远无法满足的渴望。只要具备了相比以前更高的计算能力，那么人们一定会找到利用它的方法，将自己从各种智力限制（受制于计算的枯燥无味）中解放出来，并依靠扎实的信息检索替代或验证各种异想天开。在不断勘误数学用表中错误的过程中，巴贝奇同样也感受到了人类对这种能力的渴望和需求，他肯定是人类历史上首批寻找到办法去获取这种能力的人。

另一方面，他设计的分析机将来有一天可能会被证明来自于未来——当他的方法有一天被证明是计算机产业救星的时候。对于我们现在使用的电子计算机来说，受制于发热问题，其处理器所能达到的最高速度大约为每秒400亿次循环。不过，纳米技术的进步最终有可能使我们能够在分子的尺度上建造出来机械式的分析机（或者是类似的使用二进制的设备）。机械式的设备不会受制于过热问题，而且因为足够微小，它们甚至能以光速运行。

巴贝奇一定会爱死它们的。

Out of Place in Time and Space

建 筑

在一个充满各种不确定性的世界中，你可能会认为建筑物和纪念碑可以提供某种真实且清晰明确的东西。毕竟，它们不会凭空出现，总是有人为了某种目的而把它们建造出来的。事实上，对于任何建筑，你可能都希望知道四件事：

第一，是谁建的？

第二，为何而建？

第三，如何建成？

第四，何时建造？

然而，我们发现，在地球上最出名的某些建筑中，前两个问题并不那么好回答。而对于后两个问题，留给我们的往往只有各种揣测和神话。

如果我们尝试摒弃这些揣测和神话去做科学分析，那么事情就变得更加古怪了。我们会发现，一幢保存状况非常良好的古罗马时代建筑使用的建造方法和材料竟然算得上是非常现代的。而且，现今的人们竟然无法确定其建筑目的或用途，也不知道他们为什么要用这种方式建造这座建筑。今天的我们已经能登上月球，然而却无法复制出古代雅典人建造的一幢建筑。再比如埃及的狮身人面像，也许我们知道的一切都是错误的，包括它的名字。

这怎么可能？显然这没有唯一的答案。但是这些问题的确令人着迷。请继续往下读。

08

帕台农神殿

建于2400多年前的雅典帕台农神殿有许多我们无法明了的特异之处，而且我们也一直很难将其复制。维基百科提供图片，摄影昂科尔·图卡，经许可使用。

假设你有足够的社会知名度并有幸加入某个专门委员会,负责设计并建造一座对你们的宗教信仰非常重要的建筑物。这座建筑物不仅要充分展示你们民族或宗教的文化,而且还需要彰显你们政府的强大和国家的繁荣——以及展示在近期经历一场对外军事行动失败后的恢复情况。此外,要充分体现这座建筑的神圣性,你们还要保证其几何形外表必须有极高的数学精确度,然而建筑师们却报告委员会,要保证该建筑的精确度,将严重迟滞工程进度,而且可能意义不大,因为毕竟人的眼球是有弧度的,因此该建筑物神圣严谨的几何外形(多条长平行线构成的外部轮廓)是否精确很难用肉眼识别。而根据传统建筑学技巧,大型建筑物的立柱一般是从底部往上逐渐变细,这样,它们看起来会呈平行直线,虽然事实上并非如此。

对此你提出了自己的建议并坚持认为,我们要建的这座神圣建筑(包括立柱)不能采用这种建筑方法,这种虽有助保证建筑物视觉效果、但明显粗糙且小家子气的建筑方式只适合用在那些偏远小城邦的神庙上,并不适合我们这么神圣的城邦和神殿。我们要大干一场,既要认真考虑到人类眼球的视觉特点,也要充分保障我们这座神殿神圣的几何形体。因此,我们这座建筑物不能有任何一条直线——不管是水平线还是垂直线。建筑物的地基和主体应该略有外倾,到中部位置时再逐渐稍微内倾,立柱也应稍微内倾,但仅逐渐变细还不行,应该和主体一样,中间稍大,两端稍细。

这意味着这座建筑的每一块石头都不能是长方体,外形都需要进行仔细打磨雕琢——根据我们所掌握的复杂几何学。这些石头还要能完美地贴合在一起,这样就不需要使用砂浆了。是的,我们知道,这样的话建筑成本会高到不可想象。那又怎么样?

这的确真实存在,就在公元前447年的雅典。这个工程规划获得一路

"绿灯"和全力支持，16年后，帕台农神殿终于建成。至今，它仍被视为古希腊"黄金世纪"——如果不是整个西方文明——建筑的最佳体现。这座神殿集合了不计其数的视觉"雕琢"。由于我们事实上并不知道"帕台农神殿设计指导委员会"的细节，也不掌握其他使用类似（程度不同）视觉"雕琢"技巧神庙的细节，因此，我们不知道这么做的目的都是为了什么。不过，据我们猜测，其建筑者们似乎认为，达到视觉上的某种完美至关重要，而且超越了其实际形状的"不完美"。至于他们是如何计算出这种"完美视觉效果"的，我们真的也不知道，但不论他们是如何做的，他们的确成功了。

帕台农神殿长228英尺、宽101英尺，其多立斯式立柱高34英尺。神殿位于雅典卫城，卫城处于雅典城中央，为一片高约500英尺的岩石高地，曾作为该城的要塞。与绝大部分希腊神庙一样，帕台农神殿在设计和建造时也是可供人从前后左右观赏的，而且，不管从哪一面看，你都会看到一排大理石立柱支撑着一个大理石屋顶。立柱和屋顶之间有支撑层，外表装饰有各种精美的石雕，其中许多站在地面很难看清，但当时的人们并不认为这是什么问题——奥林匹亚诸神可以看清。在立柱内侧，屋顶之下，是内神殿，其四周墙壁也装饰有大量的浮雕。

从远处看，这座神殿外形完美对称，线条平直。但这只是错觉。在短的那两侧，其地面向中央略微凸起2.5英寸以上；在长的两侧，地面向中央凸起超过4英寸。神殿的屋顶线也保持类似的弯曲度，不过所有立柱的高度都相同，这些立柱的柱体向中部凸起，其中，柱体外侧大约在中部位置凸起0.7英寸，内侧凸起大约1英寸，这样柱体的中部最粗。此外，立柱柱体还稍向内倾斜，如果它们足够长，则大约会在神殿上空约一英里左右的某个点汇合。是的，神殿的许多细节处理都非常巧妙且不易为人察觉，但这种处理都遵循类似的形制，显然是有意而为之的。这么做一定有着某种非常重要的目的，然而其建筑者却并不想让人们注意到这些。

不管怎么说，这就是我们所知道的。在此基础上，我们将一步步地深入探寻其中蕴含的各种谜团。

首先，也是所有人通常最想知道的一个谜团，即它的名字。"帕台农"在希腊语中的意思是"纯洁者之产"，所谓纯洁者可能指某种类型的女祭司，但人们对于其名称的各种解释凸显出我们的无知。可以假设，这应该是一种昵称。早期的历史学家们将其称为"百英尺高的建筑"。

接下来的问题是，这座神殿是干什么用的。根据正式的说法，它是雅典娜——古雅典人的保护神——的神庙，而且其内部的神龛上的确矗立着一尊用黄金、象牙装饰的雅典娜女神像。然而，这又不太可能是一座神庙，因为雅典娜神像上的黄金是可拆取的，而且属于国库所有。要知道，对于一座神像来说，可拆取是对宗教祭祀对象的一种亵渎，这似乎表明这座神像并不是用于宗教祭祀崇拜的神像，而可能是和世界其他地方的雕像一样。也许，这座神殿就像美国的诺克斯堡一样，是公开供旅游者参观的地方。

再接下来的一个问题是，它是如何被建成的，要知道，当时用于测量的工具主要是笔直的绳弦。如果一个大型建筑的转角与线条都是完全平直的话，这些工具足够了，然而帕台农神殿的转角和线条却并非那么笔直，这又是如何实现的？在其他古希腊建筑中，研究者们发现了标有各种建筑单元一对一度量图表的板子，所以，也许帕台农神殿的建造者们也有类似的东西。

最后，我们还想问，它为何而建？为什么其建筑者如此在乎该建筑的视觉错觉？为什么他们要加入这些耗工耗时耗财的视觉"雕琢"，从而令这座建筑的外形看起来是如此的笔直？要知道，不搞那么复杂，干脆就把它们直接做成直的，这不仅更容易，而且建好以后看起来差不多也算是挺直的。

几个世纪以来，人们认为古希腊人极度迷恋黄金比例，不喜欢因人眼构造影响其艺术或宗教表达。黄金比例是指事物各部分间一定的数学比例关系，即将整体一分为二，较大部分与较小部分之比等于整体与较大部分之比，其比值为 1 : 0.618 或 1.618 : 1，即长段为全段的 0.618。0.618 被公认为是最具有审美意义的比例数字。

但现代学者们对此观点也予以了驳斥，认为在帕台农神殿建成后的一个世纪左右，黄金比例才开始流行起来。没错，你可以在建筑物的审美学中发现这一比例的存在，前提是你得仔细选择审美的对象，比如纽约帝国大厦。

所以，我们不清楚古雅典人这么大费周章是为了什么。我们只知道，他们确实是煞费苦心，而且这对于他们来说极为重要。

帕台农神殿后来被用作教堂，随后又被当作清真寺；此后，它一直被用于各种用途，且基本保持完好——直到 1687 年。这一年，这座约 2000 年历史的古建筑被奥斯曼土耳其军队用作军火库，随后遭到威尼斯军队的围攻。威尼斯军队发射的一枚炮弹引爆了神殿中的军火，摧毁了神殿的屋顶、内部神庙的四壁及部分廊柱。大约在 1810 年，一位英国贵族将部分残存的雕像运走，它们此后成为希腊和英国政府长期争夺的对象。至于神殿的残迹，100 多年来，人们不断采取各种努力防止其进一步毁损并试图对残存部分加以修复。

上个世纪，有人在美国田纳西州纳什维尔市以 1:1 的比例复建了完整的帕台农神殿。这座建筑保存了神殿的视觉"雕琢"，但没有采取当初的建筑方法，而是采取了更加高效的浇筑方法，建材是视觉效果不怎么好看的混凝土，而且混凝土模块之间采用黏结方式连接。与之相比，帕台农神殿则全部采用有光泽的大理石建造，且石块之间精确、自然地连接在一起。

也许这些差异凸显出我们与帕台农神殿建造者之间的"鸿沟"。除非我们也能做到将建筑外形及构造所蕴含的美学原理看得比其使用价值更高或一样高，我们才有可能真正明白这座神殿的意义。这听起来可能有点矫情或煽情，但其实并非如此。只要这种宏伟精美的建筑始终屹立不倒并经历雨雪风霜，它的一个个主人可以心血来潮地赋予其任何用途，然而，不管把它做什么用，它宏美的外表就在那儿，这座建筑的特性也将长存，不管是会令参观者感到乏味还是惊叹不已。如果它能让人感到惊叹，那么其外表和构造所蕴藏的种种神秘感也将继续不断激发参观者的各种灵感和想象。

我们不会永存。我们不能说帕台农神殿是某种来自现代的颠覆性时空错位物品，因为我们只有那些廉价的仿制品。如果它来自未来，那可真是非常遥远的未来。

09

万神殿

作为世界上保存最完好的古代建筑,罗马的万神殿却是用现代方法建造而成的,而且似乎并无任何显而易见的目的。维基百科提供图片,摄影雷米·胡安,经许可使用。

如果你想推选某样东西作为现代文明的基础，那么混凝土应是当之无愧。你脚下的地板可能就是混凝土做的，还有重要道路、排水系统、水坝、机场和港口等等。如今的人们不用费神去考虑是否有足够高质量的建筑石材问题，因为你可以用混凝土浇筑成任何"石材"、在任何地点、以任何所需的形状。混凝土的关键成分——水泥粉——于1796年在英国获得专利注册，其使用范围也随工业革命的飞速发展而不断扩大。

听到这，其实差不多就算一个完整的故事了，虽然有点短，但都经得起事实的推敲。然而，如果你去罗马的话，会发现一幢保存极为完好、被称为"万神殿"的宏伟建筑，众所周知，它建于公元126年。

另外，它是用混凝土建造的。

惊人吗？还不止于此。在罗马皇帝尼禄于公元64年纵火烧毁罗马城后，罗马人陆续修建起来的许多建筑都是用砖加混凝土建成的。例如，占地33英亩的卡拉卡拉浴池——古罗马人建于212年的休闲中心和大购物商场——遗址就是用混凝土建造的。罗马著名的高架引水渠有一部分也是用混凝土建造的。凯撒利亚——古罗马海滨城市，位于现以色列境内，建于公元前13年——的港口设施就是用特制混凝土建造的，这种混凝土可以在水下凝结。还有不计其数的古罗马要塞也以混凝土建成。

显然，在罗马共和国时期，罗马人就发现，如果将某些特定类型的火山灰（在意大利中部很常见）与消石灰（由生石灰与水化合形成，生石灰由石灰石经烘烤、研磨而成）混合，再令其充分硬化（需要四个星期的时间），就能形成类似采石场开采出来的建筑用石一般的建筑材料，而且这种混凝土块比建筑石块更好，因为其可以采用模具制作，从而可以做成拱形及其他形状的建筑用材，这是石块和砖块很难做到的。在撰写于公元前

25年的一本罗马建筑手册（即维特鲁威所著《建筑十书》）中，其第二章就详细介绍了混凝土。罗马人发明混凝土看起来应该完全是依赖经验和实践（也就是说，通过无数次尝试及失败），而非源于科学探究——坦率地说，古罗马人对此并不了解。该书还指出不应使用铅建造饮水管道，同样，也完全源于经验和实践。

罗马人发明的混凝土与现代混凝土在许多重要方面存在诸多差异。现代混凝土有更多的化学成分，这些成分及其分量都是经科学实验而确定的，所以不会依赖某种特定的火山灰。现代混凝土通常都是做成流态的，以便可以通过管道直接浇筑，而罗马人在制作混凝土时则尽量少加水，并用手塑造其外形，然后令其自然凝结成型。最大的不同在于，现代人会将流态混凝土直接灌注到强化钢筋网格中，这会令大型建筑更加结实；而罗马人最多只能做到将碎石填入其中。

说到这点，让我们将话题回到万神殿。这座世界上保存最完好的古代建筑，其外形像一个有穹顶的矮胖酒桶，或者说是一幢无外部支撑及附属建筑的圆形大厅，前廊有一排并列的立柱，使其看起来像是一座非基督教风格的异教徒神庙。令人称奇的是，其今天的特殊"地位"与其建成时的"地位"相差无几：它是（一直是）世界上最大的无内部立柱支撑的混凝土穹顶建筑。其穹顶有142英尺高，中央有一个敞开的大洞，被称为"眼"；地板经过精心铺设，可以排走灌入的雨水。

现代分析研究显示，万神殿的建筑构造及建造方法精巧。其穹顶的厚度从边缘向中央逐渐变薄——边缘部分大约为21英尺，到"眼"的位置时则不到4英尺。而且，修造穹顶不同部分所用的混凝土也有所不同：边缘所用混凝土掺杂有大量大理石碎块，中央部位所用混凝土则掺杂的是重量较轻、透气多孔的火山熔渣。还有一些问题悬而未解：如果不采用这种建筑方式，它是否同样能历经两千年风雨不倒？如果今天的人尝试不用强化钢筋去建造一个类似建筑，是否能成功？

事实上，更令人吃惊的是，我们除了能大致确定这些建筑细节外，对于万神殿的其他方面都没法这么肯定。罗马人的神殿通常都是面向太阳升起的东方，然而万神殿却面朝北，这样其穹顶的"眼"和前门就成为唯一的光线来源。另外，标准的罗马神庙都会有一个内厅，供奉所祭祀诸神的神像，同时在此举行各种献祭及宗教仪式。然而在万神殿的穹顶之下，只有一个圆形、未分隔的大厅，虽然四周墙壁有一些壁龛状凹槽，也许能摆放雕像，但整个建筑并没有"内殿"存在的痕迹。

一位古罗马史学家在万神殿建成75年后写过一本相关著作，但未提到万神殿的建造目的，只是对其名称由来做了一些揣测——他认为该建筑之所以被称为万神殿，是因为其外部立有诸神的神像，或者是因为从内部看向光明的穹顶，就像看到诸神的天堂一样。这可能表明该建筑事实上并非一座神殿——因为如果其真是神殿的话，那这位历史学家就没必要对万神殿这个名称进行任何揣测了。（此外，诸神的神像也应该在神殿里，而非摆放在外面。）

神殿的建造者在正面入口处刻上了一段铭文，这段铭文不但没法解释诸多谜题，反而增添了新的谜团。其内容是："M · AGRIPPA · L · F · COS · TERTIVM · FECIT"，这是拉丁文的缩写，意思是"卢修斯之子、三任执政官马库斯·阿格里帕所建"。但神庙上的铭文通常是献词，标明献予的对象（如某位神），而非彰炳建造者的荣耀。更令人感到迷惑的是，铭文中提到的这位三任执政官应该是指马库斯·阿格里帕，他是奥古斯都·恺撒的驸马和选定继承人。（执政官是罗马共和国通过选举产生的政府最高首脑，在罗马帝国时代变为由皇帝任命。）阿格里帕在公元前31年的亚克兴海战中击败那对倒霉的恋人、反叛军领袖安东尼和克里奥佩特拉，终结了因裘里斯·恺撒遇刺身亡而引发的内战，并将罗马帝国转变为一个高效的庞大集团。所以，他的名字出现在罗马公共建筑物上并不令人感到吃惊，但问题是他死于公元前12年，而万神殿建于公元126年，所以显然他和万神殿不应该有任何关联，除了那段铭文。

最初的万神殿应该建于约公元前27年（这点从马库斯·阿格里帕处

可以得到一定印证），但在公元80年被完全烧毁。此后人们重建了该神殿，但到公元110年它再次被焚毁。此后罗马人用耐火的混凝土又一次重建了该神殿。据推测，这段致谢铭文最初出现在那座神殿，然后又屡次被原样复刻到重建的神殿上，这也许是因为某些情感、政治或宗教原因。阿格里帕是后来两位罗马皇帝及诸多皇后和罗马执行官的祖先，所以来自统治阶层的压力可能要求保持其所建这座神殿的完整性。

但是，为什么这座神殿要建造这种由耐火混凝土建成的、规模空前巨大的穹顶呢？为什么其内部完全是空荡荡的一整片大厅呢？从罗马传统上推测，这座建筑最初可能是为纪念亚克兴海战而修建的纪念物。也许它内部摆放着各种海战战利品和纪念品，这些东西最终在两次大火中遭彻底焚毁，所以现存的这座建筑物中并没有剩下任何有关海战的纪念品。如果它是座纪念物，那为何没有任何铭文标明这一点？直到今天我们还在继续建造各种圆形建筑并可能会在其中建有高大的立柱，必须承认，这些立柱虽然并不一定有特定作用（如支撑作用），但至少它们的存在会增添一种崇高感或壮观感，否则像美国国会大厦或大型购物中心这样的建筑物看上去就可能显得过于平淡无奇，令人乏味。此外，万神殿似乎与其他任何建筑都没有关联。

所以，这座世界上保存最完好的古代建筑似乎无来由地就被建造出来，而且，还是用现代方法建造的。

万神殿后来被用作教堂和墓室，而且客观地说，自其建成之日起，它就一直在被不断使用着。可以假设，最初，它应该也有某种用途，当然可能不是为了单纯彰显其巨大并镌刻阿格里帕的大名。

还有其他谜团尚未解开：为什么混凝土的秘方在随后的十几个世纪中彻底消失了呢？要知道，它并不属于那种在中世纪黑暗时代失去的某种"科学"，因为罗马人对混凝土的掌握不是建立在科学之上，而是纯粹建立在实践和经验的基础之上。维特鲁威所撰写的《建筑十书》此后一直留存于世并被不断传播，所以你也不能说混凝土的配方就散失了（当然，罗马人的部分技术术语可能消失了）。更大的可能性是，随着时间的流逝，那种开支惊人且施工时间较短的纪念物建造工程（混凝土是这种工程的必需品）也成为过去。采石场开采的建筑用石（或者是对旧建筑建材的循环利用）变得比开采石灰石并烧制石灰更加便宜；加之掌握制作混凝土技术的工匠越来越少，相关技术越来越不全，最终，人们不再使用混凝土，混凝土技术就被人们彻底遗忘了。

与此同时，几乎所有有圆形大厅的建筑物（包括美国和许多国家的国会大厦）都可以说是源自于万神殿及其穹顶。我们很好奇，在历经近19个世纪之后，它们是否依然能屹立不倒——并给后人留下无数的谜团？当然，我们的后人很有可能仍然知道如何制作混凝土。

⑩

斯芬克斯

我们所知道的所有关于斯芬克斯的事情可能都是错的——包括是谁建造的，什么时候、为什么而建造。维基百科提供图片，摄影贝特霍尔德·维尔纳，经使用许可。

它位于吉萨高原的边缘，紧邻大金字塔，面向太阳升起的东方。它的身体是狮子，前腿伸出，后腿蜷缩在身体下面。它的头部（鼻子没有了）是人的，头抬起，保持警惕的样子。从整体来讲，它的举止就像是一只混血的守卫动物。头部带着起皱的头饰，与法老的类似（但是还是有区别的）——或者也可以用来代表猫的鬃毛。头部从比例来看有点小，这个形象使人们猜测这座雕像原来可能是一只猫的头，这只猫头随后被凿掉了，重新雕成了一个人头。

这就是所有我们自认为确定的对于斯芬克斯的看法。不过实际情况表明，我们不知道它是由谁建的、何时建造的或者为什么建造。教科书重复着这样的假设：金字塔的建造者建造了斯芬克斯，但是相关证据与一些其他的边缘猜测一样，没有什么说服力。实际上，还有一些人坚持认为，金字塔并不符合我们所知道的埃及历史。

不管金字塔从什么地方来，它都是世界上单块石头雕塑中的翘楚。基本上，雕像已经得到证明，是由一块241英尺长、20英尺宽、66英尺高的石灰岩雕刻而成。外形经过石匠的修整。

由于雕像临近金字塔，我们很容易就可以猜测它是在第四王朝（公元前2613~前2494年）吉萨的金字塔建造工程正在如火如荼地进行的时候开始建造的。当地的残余痕迹也还保留着，如废弃的停尸间和道路，周围都是鞋子的印迹。

更靠谱的情况是，人们于1816年在清理雕像前爪之间的沙子时发现了所谓的梦之石碑（其他部分的沙子直到20世纪30年代才被全部清除），这块石板包括一块刻有图特摩斯四世法老讲话的象形文字的题词。这块碑是在图特摩斯四世执政的第一年（约公元前1401年）竖立起来的，上面记载着他在外出打猎的时候，在斯芬克斯的阴影下睡觉的事情，那时候他还是王子。斯芬克斯（或是相关的神）来到他的梦中，要他挖开沙子并恢复雕像，王子醒来之后就照做了。这表明斯芬克斯与第四王朝的哈夫拉法老有关系，这位法老是吉萨第二大金字塔的建造者。

所以这座巨大的雕像是第四王朝纪念性建筑风潮中的另一件人造奇迹——但如果仔细看，就会发现不是这么回事。

修正主义者指出第四王朝在斯芬克斯周围留下的废墟很明显都是硬塞进去的，因为这些都是后来建造的。如果它们是同时建造的，那么这些建筑就会具有合理的布局。这块梦之石碑却因为破损严重使得人们无法确定是否提到哈夫拉法老。如果提到了，在石碑上就会有将哈夫拉和斯芬克斯或者其他任何事情联系起来的文字。所有石碑确切告诉我们的是斯芬克斯是公元前1401年的神秘古物。与此同时，埃及没有更古老的铭文提及斯芬克斯。

对教科书上的说法最大的挑战是雕像的某部分出现了明显的水渍，这表明雕像曾经长时间浸泡在活水中。但是，这个地区在13000年前最后一个冰河期之前都非常干燥，随着冰河期的到来，这里变得非常潮湿，随着冰川的后退，气候又变得干燥。现在，那里的年平均降水量为1英寸，最近的明显降雨大约出现在公元前3400年，也就是第四王朝之前的1000年。同时，附近的第四王朝废墟却没有这种侵蚀的迹象——斧凿的痕迹依然清晰可见。此外，第一位法老时期建造的泥砖坟墓（出现于约公元前3100年）还伫立着，这些也会在长期的大雨中消融掉。

因此一些人提出，斯芬克斯应该是建立在法老出现之前，有一些人甚至认为它可以追溯到公元前7000年。

与此同时，现代神话学也对此进行了诠释，如神秘主义者埃德加·凯西在20世纪30～40年代就曾多次说过，有关亚特兰蒂斯的记载保存在斯芬克斯附近一个密室的基岩中，这意味着斯芬克斯来自史前。目前，研究人员找到的只有岩石的裂缝。

假设斯芬克斯是史前遗留物，并且不是沉没的亚特兰蒂斯的难民所建造，我们不得不推断这是由某种本土方法建造的，这种方法应该能够进行砌筑结构的建造，因为斯芬克斯有一部分是用石块堆积起来的。但是你在法老之前的埃及是见不到砌筑结构的。石砌结构仅限于用大石块建造的纪念碑。为了实现日常的建造目的，人们依赖于来源充足的泥砖。所以我们必须接受的观点是，斯芬克斯的建造者在完成了斯芬克斯之后，又回归到泥砖结构，几个世纪的时间里没有再对砌筑结构进行进一步尝试。

当然，建造巨石阵、阿兹特克金字塔、德国齐柏林硬式飞艇和阿波罗月球火箭的人们也都停止了探索。但是我们还有来自相同文化的其他作品（特别是后者），使得我们能够有信心说这些的确存在（对于从亚特兰蒂斯来的朋友就不能这样说了）。如果在埃及还存在未知的史前文明建造了斯芬克斯，它却没有留下哪怕一个罐子或者墓穴。说斯芬克斯的存在可以证明史前文明的存在，这就又绕了回来。从另一个方面来讲，证据已经随着环境的侵蚀消失殆尽了。

一些持中间立场的人则认为第四王朝的建筑目的是为了将斯芬克斯周围的降雨引走，所以被侵蚀而消失。因此，斯芬克斯可能是建于第四王朝之前，即第一至第三王朝之间而非前法老时代的埃及。

在一点上，似乎没有绝对的定论，也永远不会有定论。事实是，"斯芬克斯"这个词与谜是同义词，绝非巧合。

除此之外，"斯芬克斯"这个词与吉萨的斯芬克斯雕像之间的联系，的确是巧合。斯芬克斯来自于希腊语，意思是"窒息"，源自希腊神话（被用作公元前429年，索福克勒斯的热门剧《俄狄浦斯国王》的情节设置）中长有女性头颅、狮子身体、鹰的翅膀和蛇的尾巴的神秘怪物。这种怪物藏在希腊底比斯城外的道路边，勒死（由此得名）并吞食任何猜不出它谜语的人。这谜语就是：什么动物早上用四条腿走路，中午用两条腿走路，晚上用三条腿走路？一位英雄（请注意这说的是神话时代，并没有说明具体的时间）给出明确的回答：人。人在婴儿时期是四肢并用地爬行，到了成年时期就用双腿走路,到了老年就用三条腿(借助拐杖)走路。发狂的怪物随即跳下了附近的悬崖,但是英雄随后杀掉了自己的父亲,娶了亲生母亲,然而他的生活很不快乐,但是却让弗洛伊德和他的门徒们自此开始了孜孜不倦的研究。埃及人用这个名字来称呼神秘的人——猫怪兽,因为它让人想起斯芬克斯,虽然有所简化,没有鹰翅膀和蛇尾巴。

最后,还有一个关于吉萨的斯芬克斯雕像几乎险些被炸掉的传说:它缺失的鼻子就是拿破仑的军队进行炮击训练的杰作。一队由拿破仑率领的军队在1798年的确入侵过埃及,在他的军队被英国军队击溃之后曾经在这里逗留了3年。但是记录显示他们还有比瞄准纪念碑发射短缺的炮弹更紧迫的事情要做。还有记录显示,雕像的鼻子是在1378年被宗教狂热分子用凿子凿掉的。

Out of Place in Time and Space

时空错位的艺术品

关于支持飞碟的确存在的证据之一就是：有许多有关不明飞行物的报道可以为证。但是在这些渲闹的报道沉寂之后，留下来的是一些无法解释的现象，存在着各种关于外层空间的可能性。

当然，你可以用相同的论据支持精灵的存在———一定在某个地方存在着这样的生物。有关目睹精灵的报道不能被一概斥为精神错乱、醉酒后或者是被迫胡言乱语。所以，精灵们存在的可能性还是有的。

那么就让我们来看看现有的争论：如果时空连续性在边缘部分略显失常，你会期待一些完全不符合时空环境的物体出现，可能是不符合时间顺序，可能是不符合空间排列，也可能两者兼有。

由于本章中的内容会予以证明，这些争论才是重点。

对于精灵是否存在的问题，你会很乐于知道在冰岛，总有一些道路被改道、建筑项目方案被修改以避免破坏当地精灵的各种栖息地的情况发生。

至于飞碟临空，你不要指望自己有运气遇到。

11

伏尼契手稿

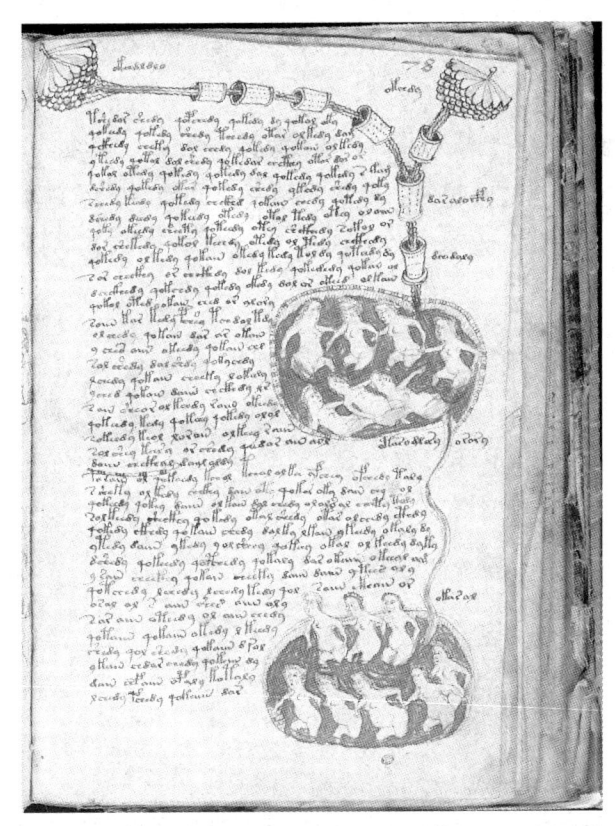

伏尼契手稿的一页，其图文有待进一步的解读分析。
维基百科公共领域文件。

这部手稿于1420年手抄而成，在那个时代，印刷工艺还没有引入欧洲。手稿用了240页牛皮纸（用于书写的上好皮子），虽然最初的版本可能更长。手稿中包括很多手绘图片。文字，当然也是手写的。

这本书以及其他很多类似的前古腾堡时代的图书，能够长久留存证明了一个事实，即哪怕是在没有任何印刷机器帮助的情况下，哪怕是在中世纪，也依然有许多人如此重视学习，并愿意投入巨大精力想要将书中的知识传播出去。幸运的是，由于几个世纪以来的学者不懈致力于此，这一过程不存在什么秘密。

但是对于伏尼契手稿来说，它却始终笼罩着巨大的谜团。这个名字是纽约的一位图书经销商起的，他从西伯利亚的沙皇监狱逃出来之后，于1912年得到了这本手稿。现代分析表明，这本手稿实际上是1420年问世的。

但是：

- 这份手稿所使用的字母和文字从未出现在其他任何稿件中。
- 其使用的语言似乎遵循一定的规则与形式，但没有任何其他语言使用这种规则和形式。
- 一些图片似乎展示了一些特殊植物的植物学信息。这些信息没有已知植物能够与之相匹配。
- 一些图片展示了一些天文信息。这些信息没有已知信息能够与之相匹配。

所以，我们得到的这本手稿需要技艺娴熟的工匠花费几个月的时间才能完成，内容的安排似乎也有深意，然而它看起来却像天书。几代学者包括解码领域的权威专家都不愿意接受这样的可能性，并对手稿进行了持续不断的密码分析。

结论是，手稿的文字书写流畅，就好像是一个熟知这种语言的人，不论这是种什么语言。这种语言使用一种有近百个字母的字母表——准确数字还有争议，因为手写字母有时会模糊不清，而一些字母也许还有变体。但是大约有30个字母使用频率最高。这些字母组成了30000个单词，这些单词以一种数学模型的形式展现出来，使你觉得这不是什么胡言乱语或者单词杂烩。此外，一些单词贯穿整本手稿，而有的单词则只出现在某些部分，就好像它们属于这个问题特定的单词表。

至于语法，有的词会在一行里重复出现3次，其他的词则只会偶尔出现，且拼写不同。有的字母似乎在词的开头或者结尾出现，而其他的只出现在中间。（阿拉伯语也有类似情况，但是这些文字与阿拉伯语文字没有任何相同之处。）还有一些字母，作用很明显与元音字母类似，因为每个单词至少都有一个这样字母。有的字母绝对不会和其他一些字母一起出现。有的字母会双写出现或者三写出现，而其他的字母绝对不会出现这样的情况。

各种解码和翻译手段都用上了，都不起作用，文本依然无法解读。

但是，即使文本可读，图片和表格看起来也不那么简单——几乎每一页都有一些插图。画作包括并不存在的植物的图解，无法确认的天体或者放大的动物细胞（或者只是一些优美的涂鸦）的插页，以及裸女吃着不存在的水果的沐浴图——不着丝缕的女子摆出不会引起不良遐想的姿势，这是绘画永恒不变的主题。

基本上，人们无法证明手稿含有任何能够被第三方检索到的真实信息，尽管高仿图书做得几乎可以乱真。对于这个问题，很显然：

- 是个骗局。
- 是某人强迫症或精神错乱的表现。
- 其他。

称其为骗局解决了手稿缺乏可解读含义的困惑——但是出现了更大的神秘感。骗局经常是为了在短时间内获得利益,而无法证明由此创造出来的一种语言的复杂性,或者表明一位艺术家在不表达任何含义的时候,在绘画方面能够有多大本事。即使造假者真的有这样的本事,你也会猜想,他最终会有所流露并传递出一些信息。

如果文字是真实的材料,出于某种原因被加密,解码分析就应解释潜在的"纯文本"。有人曾经建议文字原来就是胡扯,然后被以某种方法加密,使其具有类似于语言的精确结构。这种结构会导致含义缺失。但是如果骗局得到适当安排以欺骗古籍收藏者而不是美国中央情报局,那么美国中央情报局也许还会被这种加密的胡言乱语所迷惑,而不是为了未经加密的胡言乱语而购买一本外语书,但是普通的图书收藏者不会看出它们的区别。

至于为了表现自己的强迫症而捏造出这份手稿——呃,好吧,强迫症是强迫症,但是几乎没有哪个中世纪的强迫症患者能够获得必要的工具和材料。为了自己的病而制造这份手稿是件费时费力的事情,也不可能给人带来乐趣,但是毫无疑问,处于某种状态的人的确会这样做——合法的手稿的确传递信息,并且会由一些人定期制作。不过这样做的人中,碰巧有强迫症患者。这种病只发生在一个人身上。

假设作恶者已经能够制造一种独立存在的语言并用它编写一本书,使其经受住现代分析。历史上有不少自己创造语言的案例,我们不用说他们的实际情况,只是假设在中世纪会有这样的人,他们拥有技巧、材料和时间来创造类似于伏尼契手稿这样的东西,但是他会有时间和技能创作大量同样不具有任何意义的插图吗?结合两种情况来看,答案似乎是否定的。

由此出现一种可能:还有其他事情发生。可以这样想:如果手稿是场骗局或者是个强迫症患者的作品,我们无法理解手稿内容的含义,原因就是这些内容只存在于作者的头脑中。因此,我们无从解读它。但是这些内容也许会存在于作者头脑之外的什么地方,而我们尚不知其踪——因为我们对于信息的背景毫不知情。这些内容来自其他地方或者来自其他时代,这也是一种情况。

在介绍中，我们考虑了第二种颠覆性时空错位——从未来回到现在，我们不具备了解这种事物特性的能力。典型的事例就是我们用一些可替换的含义（或者认为它们没有任何含义）指代这些事物，直到有一天我们能够领会其真正的含义。如果伏尼契手稿的存在就是这样，我们无法为其设置一个替代的含义来解释它（或者使自己确认它没有任何含义），然后我们命中注定地会对其知之甚少，直到能够了解它的那一天到来。

或许有人利用了他/她的语言和与绘图相关的激情，目的在于能够欺骗一个收集中世纪图书的收藏家。

12

法老的玩具飞机

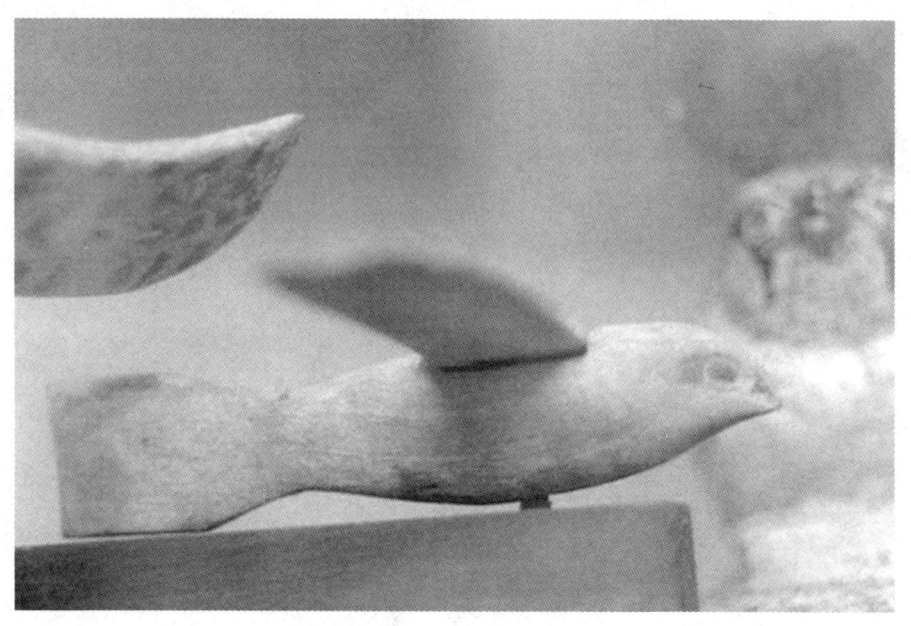

塞加拉飞鸟，发现于一座埃及古墓，可能是一架非常不合时宜的玩具飞机——或者是鸟类的小雕塑，或者是一个气象风标。维基百科提供图片，摄影达尔沃克，经许可使用。

玩具飞机，它们在玩具商店或者无线电模型商店的货架上排成一排。有的是精巧的飞机模型；有的是为了日后能够起飞而制作，因此它们的形象是次要的；有的只是有飞机的形状，主要的用途是可以在沙盒中拖来拖去。

那当然好——但是你绝没想到的是在一座古埃及的墓葬中发现了这样一个模型。

这一发现使我们认识了被称为塞加拉飞鸟的出土文物，这一文物是1998年在塞加拉墓地（它因此而得名）发现的，该墓地位于现在开罗城的南部。墓地可以追溯到公元前200年。飞鸟使用柏木雕刻而成，翼展7英寸。雕塑有点像顶翼单翼机，只有机头部分不符合驾驶员座舱和螺旋桨的规定，被雕饰成猎鹰的样子。

不过雕塑尾部是直立的，因此有点像飞机而不像一只鸟的尾部。雕塑既没有脚也没有着陆装置。雕塑底部重心的位置还有定位孔，定位孔处在翅膀连线上，这也许就是现代设计的起源。雕塑上没有羽毛或者操纵面。

也就是说，这个雕塑既不是飞机模型，也不是鸟类雕塑。它看起来非常符合对颠覆性时空错位的描述，就像我们在简介中提出的。最初，它是来自未来的颠覆性时空错位，在1898年被发现的时候，没有人想到是飞机，因为在那个时候还没有发明飞机。在飞机拥有标准配置（有垂直尾翼，机翼位于前部）而成为被广泛接受的形象后，人们认为这是来自彼时—此时的颠覆性时空错位。

这种看法假定这一物体实际上是为了代表一架飞机。解释基于人们对寻常事件的认可度，并且引向了3个方向。

- 它证明埃及人拥有空气动力学方面的知识，但是随后又失去了这些知识。
- 这是一只玩具鸟。它与现代飞机的相似是巧合。
- 这是一个风向标。它与现代飞机的相似是巧合。

至于第一种情况——你会想到如果古代埃及人有这样的知识，那么这座小雕像不仅仅是一件玩具。只是，在没有轻质发动机的情况下，空气动力学的知识只能让他们制造出滑翔机，大概是从悬崖上依靠重力开始飞行。有了足够的滑翔距离，他们就可以凭借上升气流和暖气流在空中停留一段时间。这样做可以在军事上占有侦察方面的重要优势，这些是不会记录在案的。但是达到这样的水平需要非常广泛的技术知识。（首先，他们必须了解滑行比例、上升气流、暖气流。）飞行成功也需要循序渐进的发展，为了使空运能够不断发展，人们还要对滞空技术（也就是说飞行控制）不断完善。

这都是19世纪后半叶人们才开始掌握的技术和知识。那时，航空先驱们发现，建造飞行器并飞离地面往往会撞向地面并造成严重损伤——除非掌握了飞行控制技术。几乎没有人想要再试一次。第一个成功这样做的人显然是德国的奥托·利林塔尔。从1891年起直到1896年死于一次坠机事故，他进行了大约2000次滑翔飞行。莱特兄弟希望能够做得更好（不会为此送命），他们特别着手处理从控制视角开始的各种飞行问题。他们从风筝开始，然后是滑翔机，最后在1903年为飞机添加了动力。

在古代社会，你看不到这种有决心、不断改善的研究和开发，因为缺少出版行业就意味着一位研究者无法轻松地了解到其他人的工作进展。事实上，在古代，相互保密，而不是公之于众才是常态。

如果古埃及时代有人拥有足够的远见或者前瞻性的知识知道人类飞行是大有可能的，那么他们显然会专心制造热气球。他们可能很快就获得显著的效果。停留在空中二十几分钟，以相当稳定的状态瞭望几百英尺以外的景色，如果是法老出征，他会喜欢这种感觉的。相反，着陆方式简单而结果很难预测的滑翔机与之比较则显得有些可笑。

最后我们要注意一下陵墓的建造时间可以追溯到公元前 200 年。从古代留存下来的历史记录虽不算太少，但要想随意挑选某一个时代，去看看这个时代的历史记录，却也绝非易事，更有可能的是我们找不到某一特定时代的历史记录。因此，你可以说某个事件或者技术也许因为没有相关的历史记录而被忽略掉了。公元前 200 年，布匿战争（罗马与迦太基之间的第三次战争）进行得如火如荼，使得整个地中海地区的三代人都卷入其中。历史学家们正忙于书写历史，其中大量资料保存了下来，包括很多纯属流言的资料。如果那个时候有人在该地区进行飞行试验，我们肯定会看到蛛丝马迹。

不过，如果塞加拉飞鸟是根据航空学知识制造的，那它体现知识方面做得实在不怎么样。基本上，飞鸟没有水平稳定器——小小的翅膀成为尾部的一部分。没有了水平稳定器，塞加拉飞鸟——或者说是飞行器抑或是滑翔机，应该体现出来的——不能飞起来，而且会在起飞之后一头栽到地上。

忠实的支持者坚称水平稳定器被省略了，或者丢失了（虽然飞鸟上没有明显的位置标明曾有这些装置的存在）。当制作出增加了水平稳定器的复制品之后，飞鸟就可以投掷出去，然后就会直直地栽向地面，滑行距离几乎不值一提。

当然，它也许只是一个玩具。但是如果原件的主人想要的是一个投掷玩具，他 / 她会觉得有一个飞去来器会更好（埃及人已经发明了这种玩具）。如果埃及人知道如何制造玩具滑翔机，他们是不会费力这样做的。

显然，很多现代玩具都是真实事物的简化代表，特别是那些在沙盒里拖来拖去的玩具。但是 22 个世纪之前也许还有更多证据表明我们拥有的是飞机而不是像飞机的玩具。如果没有属于私人的飞机幸存下来，就不会有任何描写的记录，而且还会有机场和相关设施保留下来。可以确定的是，不会有什么秘密，而历史学家也可以有信心地证明空气动力学知识的确立是在罗斯福和布什执政时期之间形成的。

　　同时，如果我们根据单独、孤立的事物或者题字，去分析埃及整体技术，那么乐趣就无穷无尽了：在一座神庙的题词上有一块图像字符，这块字符看上去就像是阿帕奇直升机的侧影。专家们说这个图形是后来的工匠笨手笨脚地做出来的。另一座神庙里有一块题词，人们称这代表着霓虹灯的灯泡。（"灯泡"也可能是一条蛇盘踞在一支莲花上，蛇和莲花都具有宗教意味。）一些形象也出现在一些神庙的浮雕上——如果光照条件合适——看起来就像一些外太空生物的形象。（不用去埃及也能看到这些，这些形象有云彩，或者发霉的面包屑。）

　　所以，最简单的解释就是第二种或者第三种替代方案，这是一个玩具或者是风向标。当然，如果是玩具鸟，尾巴当然应该是平的。但是竖直的尾巴只能用于风向标。

　　可是这个雕塑第一眼看上去，还真是像飞机。

13

肯纳威克人

如果肯纳威克人真的是阿伊努族的一员，这张图就表明了他们漫长的迁徙之路。作者绘图。

最后一个冰川时期海平面降低，使得旧大陆的人们可以利用这一契机从西伯利亚迁徙到阿拉斯加，最终到美洲定居下来。第一批旅行者大约在15000年以前出现在阿拉斯加，在现在美国中部地区，定居着当地的土著（正式称呼是印第安人），他们在13500年以前就生产手工艺品了。因为来自亚洲，所以他们拥有亚洲人的外貌特征，今天从他们的后代身上也能够看到亚洲人基因的存留。除了维京人在1003年入侵了纽芬兰之外，欧洲人和他们的白种人基因直到1492年才出现在美洲大陆上。

到目前为止，一切皆好。时针指向了1996年，一副几乎完好的白人骨架在华盛顿州肯纳威克的冲击洼地被发现。这个白人是男性，估计有50多岁，身高5英尺8英寸，身份未知。他的骨盆右侧有一个箭头，但是骨头自行愈合了，这表明他在遭到一次袭击后存活了下来。人们在这个洼地里还发现了19世纪的工艺品，所以死者应该是一位被人遗忘的先行者。但是当人们仔细观察嵌入他身体的箭头时，发现这不是在该地区19世纪使用的。其实，这个箭头应该有上千年的历史了。

于是人们对这副骨骼进行了检验。骨头的情况使得DNA检测无能为力，但是可以用碳同位素推测时间。

其结果令人颇为不安：这个人生活在9300年前。

对于一个在太平洋西北沿岸发现的骨骼来说，白种人和9300年也许是两个相互排斥的特征。欧洲人带着他们白种人的特征出现在美洲大陆上只有500年之久。如果9300年前有人在此处中箭跛行，那么他的特征应该显示其为亚洲人。

当然，有人相信欧洲人运用了爱斯基摩人的技术，能够在最后一次冰川期沿着浮冰边缘，到达北美洲。但是随后肯纳威克人将很快就会发现，将要面对的是穿越美洲大陆的漫长旅程。这段旅程要跨过众多山脉，直到死在哥伦比亚河边。

这个人的存在绝对有违常理，不论是在时间上还是在空间上。

接下来的事情几乎完全迷失在法庭上了。多个当地印第安部落都声称拥有这副骸骨。由于不愿意自己的祖先被人当作古玩，印第安活动家于 1990 年成功地推动了《美国土著墓地保护及回归法案》的通过。法案使得各部落得以对所有人类遗骸保有监护权，因此他们可以合理维护文化传承，并且以自己的仪式举行葬礼。

各个部落都宣称自己应该拥有这副骸骨。开始的检测结果表明他们的族人声明（可以上溯到 465 代）可能证据非常不充分，但是他们坚称如此，并将科学检验视为亵渎圣物。底线被画了出来，随后的争吵长期限定在学者们的学院传统领域。

这份遗骸是在军队管理的土地上发现的，当时处于美国陆军工兵部队的管辖之下，军队回应了部落要求归还骸骨并拒绝由科学家保存的方案。部落的要求甚至涵盖了发现地的垃圾堆和所种植的树木，因为他们担心其他的骨骸散布在这片土地上。

科学家的回应完全符合长期坚持的美国主流社会传统：永无止境的诉讼程序。科学家最终于 2004 年得到了联邦法庭的支持。法官认为，由于部落未能呈交任何文化上的亲缘关系证据，所以科学家们可以恢复对骸骨的使用权。

进一步研究的结果表明印第安活动家不需要费心了，因为结果并不支持任何一方的观点。（科学有时候可以非常恼人。）虽然肯纳威克人有白种人特征（也就是说像白种人），但并不能就确定他是白种人。考虑各种因素，他们认为肯纳威克人与两种现代人最具有亲缘关系：

- 日本北部的阿伊努人。
- 与任何种族都没有明显亲缘关系。

阿伊努人是狩猎—果实收集的原住族群，随着农业文明的扩张，他们被赶到了日本北部的地区。他们面部的毛发和浅色的皮肤是白种人面相的痕迹，但是 DNA 检测表明阿伊努人和白种人没有任何关系。只是，考虑到他们的聚居位置，阿伊努人的祖先参与到移民美洲的活动中，也是可以理解的。肯纳威克人也许就是阿伊努人的后裔。

与任何种族都没有明显亲缘关系，就是说，如果科学家们不考虑身材，那么他与任何现代族群都没有明显的关联。存留在美洲大陆超过 8000 年的遗迹表明：当时，这里的生物具有多样性。这些遗迹还包括路易莎——一块 1975 年在巴西发现的女性头骨，其"年龄"大约为 11500 岁。她具有明显的非洲人外貌特征。

还有一位布尔女性的头骨于 1989 年在爱达荷州被发现，"年龄"大约在 10675 岁左右。她具有部分波利尼西亚人的外貌特征。骨骼很快被转交给当地的印第安人，并根据前面提到的《美国土著墓地保护及回归法案》重新进行掩埋。

这些并不能证明史前日本、塔希提和非洲与美洲建立过稳定的联系。它只是暗示携带着原生地基因的人们也出现在美洲大陆——史前的移民要比我们当前对其理解复杂得多。现代的智人（就是我们人类的祖先）已经出现了 200000 年，足够人们到处迁徙、相互通婚，这一过程到现在依然在进行中。有人认为，肯纳威克人、布尔人和巴西人表明，人类的多样性随着后来的迁徙而消失了。

真正有意义的证据必须等待很长时间，直到有更多证据出现。出于这种考虑，肯纳威克人是属于来自未来的时代错位，假设这些骨骸会在我们能够有把握追踪古代移民足迹和在地球上定居过程时出现。同时，我们必须承认自己的无知。

奇怪的是，人们对肯纳威克人的面部做了法医重构，并只做了一座半身像。重构后的肯纳威克人看起来非常像英国演员帕特里克·斯图尔特，他以出演科幻电视系列剧《星际迷航：下一代》而出名，这部剧是关于星际空间探索的。两者的相似之处毫无疑问地表明演员和半身像有一个共同点,没有头发。

肯纳威克迷航?好吧,在地球某地,有人已经充满勇气十足地到达了从未有人类涉足的地方。好莱坞可编不出这么真实的故事。

14

真正失落的硬币

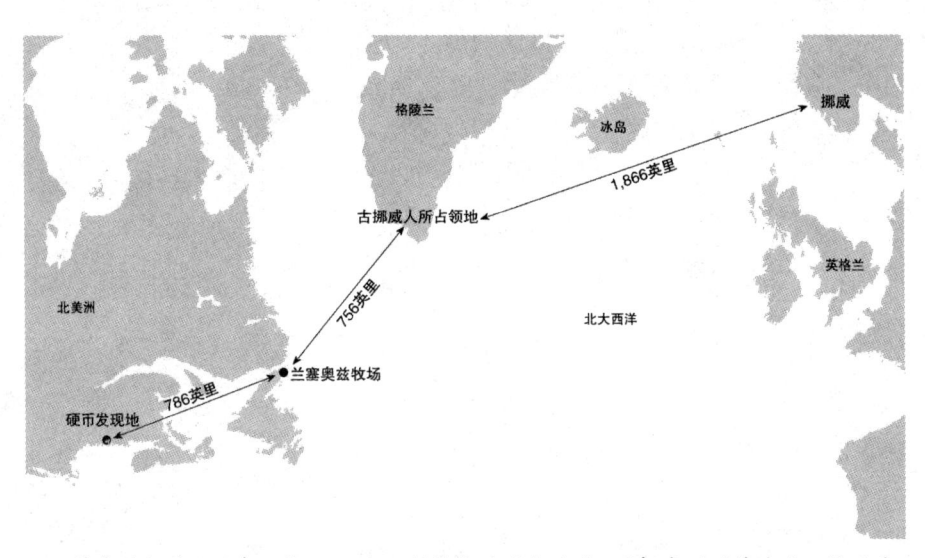

维京首领的儿子在父亲1066年入侵英格兰时去世时，于挪威刚刚铸造的一枚硬币，最后出现在今为缅因州的印第安村庄垃圾箱里。地图显示，它的旅程很不寻常。作者绘图。

硬币会出现在不同寻常的地方，所谓的"缅因硬币"就是一个例证。1957年，在一次对缅因州蓝山附近的古代美洲印第安人村落的垃圾山进行发掘的过程中，人们在地下5英尺处发现了这枚硬币。进一步发掘并没有发现其他类似的史前古器物。

硬币为银质，和一角硬币大小相似。一面图案为圆环中的十字架，另一面是某种动物的艺术化形象，也许是一只雄鸡，甚至有可能是一条龙。

看起来，一切都很普通——直到他们最终发现这枚硬币来自何方。与之相似的硬币是"和平爱好者"奥拉夫（在他统治下，从未发动过战争）统治期间在挪威制造的。他于1067～1093年统治挪威。这表明了相关的空间和时间。

对于空间而言，蓝山位于缅因州海岸中部，距离挪威3300英里，缅因州也从来没有挪威人定居。挪威人在纽芬兰北部建立了村庄，现在被称为兰塞奥兹牧场。那里距离蓝山"只有"1000英里。根据他们扔在垃圾箱中的白胡桃等垃圾判断，这些居民曾经向南发动突袭。因为白胡桃性喜温暖，不会在纽芬兰生长。

随后还有时间的问题，因为兰塞奥兹牧场建于公元1000年，但是在10年内就被废弃了——这里甚至连墓地都没有建立。所以在"和平爱好者"奥拉夫还没有出生的时候，这里就被人们遗忘了。

兰塞奥兹牧场的人是985年从挪威来此建立格陵兰殖民地的先驱者（也被称为维京人）的后代。殖民地在开始的时候只有14艘船的乘客，这也许是由于没有15年后拓展的紧迫需要。但是格陵兰殖民地存在了400年之久，成为拥有上千个农场，养活了数千人的殖民地。如果只是因为格陵兰人想要他们的木材，在这里也许有足够的机会与北美大陆上的印第安人进行接触。（格陵兰，说得委婉一些，当时的森林覆盖率并不是很高。）

如果我们假设这枚硬币是在"和平爱好者"奥拉夫1607年登基后来到格陵兰的，那么我们要做的就是根据时间追溯空间，因为格陵兰距离蓝山1500英里，那些挪威的格陵兰人有能够进行远洋航行的船，并且能够在海上游弋。实际上，挪威的史前工艺品在加拿大东部大西洋沿岸包括与挪威人进行交易的当地土著地区广泛存在。挪威人的经济建立在海洋贸易的基础上，他们建立的贸易网络已经扩展到里海。劫掠只是他们的副业——虽然那个时候他们没少发动劫掠。

出于这种情况，你会认为，有足够多的挪威史前工艺品出现在美国或者与美国有关。可是除了这枚缅因硬币，人们能够提及的只有3种东西：

- 肯辛顿石碑，一块刻有挪威诗歌的石板，于1898年在明尼苏达被发现。这块石碑讲述了1362年挪威人大探险时的人员伤亡情况。
- 罗德岛纽波特的纽波特塔。这座塔看起来好像是圆形堡垒，砖石结构，高28英尺。目前还没有任何关于这座塔的建造记录。
- 耶鲁大学的文兰岛地图。这份世界地图完成于哥伦布之前，标出了格陵兰、北美洲部分地区和文兰岛，这幅地图表明挪威人的探险可能到达很远的地方。

然而缅因硬币与上述文物有一个很重要的不同之处：人们认为这枚硬币是真的，而其他三项则可能是伪造的。肯辛顿石碑和文兰岛地图现在被人们认为是骗局或者是恶作剧，而纽波特塔似乎应该是一座被遗弃的风磨，以前用来磨碎粮食，建成时间大约在1675年。所以，除了缅因硬币，还没有其他真正的挪威史前工艺品在美国被发现。

于是，维京人在格陵兰岛上建了一个殖民地，在纽芬兰建立了一个村庄，在君士坦丁堡留下了各种壁画，而在缅因州，只留下了一枚硬币，在美国其他地方则什么也没有留下。显然，北美洲的大部分地区，没有维京人想要的东西。

我们联想到西班牙人、葡萄牙人和其他欧洲国家的殖民者在新大陆被发现后出现的各种探险狂潮，这似乎有点奇怪。最简单的解释是，虽然维京海盗让人闻风丧胆，挪威人其实从根本上来讲是生意人，在北美地区的活动也严格局限于贸易。推测起来人们觉得这意味着向欧洲人提供他们仅仅能够在大西洋沿岸获得的货物是有利可图的，特别是象牙。他们还觉得在十字军东征结束之后，从非洲获得象牙会更加容易，不过利润在减少，而挪威的格陵兰人在别的地方寻找发财机会。

在格陵兰岛上，有记载的挪威人活动是 1408 年的一次婚礼，之后，这对夫妇定居冰岛。今天的考古学家在格陵兰岛上很难找到挪威人的生活遗迹，就好像那些居民在离开之前，将所有东西都打包带走了。

但是在他们打包之前，有 4 个世纪的时间与当地土著进行交流。贸易是以实物交易进行的，因为印第安人和爱斯基摩人都没有货币经济。硬币也许是被当作装饰品或者古董进行实物交易的，人们还假设土著人领着他们远离与挪威人真正有联系的区域，有一枚硬币最后留在了蓝山。

也就是说，硬币并没有从挪威商人的口袋里掉出来，落在北美大陆上。考虑到贸易和外交的因素而没有发动战争的硬币制造者，奥拉夫国王，也会很高兴听到这个消息的。在 1066 年挪威入侵英格兰的战争时，他还是个十几岁的王子，伴随着他的父亲哈德拉达国王。这是一场继承已故"忏悔者"爱德华国王王位之争而引发的战争。

挪威拥有 300 艘战舰的无敌舰队在英格兰北部的约克郡登陆。奥拉夫随部队登上岸，哈罗德·葛文森国王出其不意地率领抵抗大军出现，成功地突袭并杀死了奥拉夫的父亲和很多挪威士兵。（在这场豪赌之前，葛文森声称，他为哈德拉达提供了充足的英格兰土地，但却用来当作墓地使用；而哈德拉达则拒绝了，实际上，他的遗体是运回挪威安葬的。）

英国国王比哈德拉达多活了 3 个星期，他死在了抵抗另一次入侵却以失败告终的黑斯廷斯战役中，这一战役是由诺曼底的威廉公爵发起的。这场战争就是家喻户晓的诺曼征服，其另一个结果就是让英语中多了许多法语词。

对于奥拉夫国王来说，他的继承者是"赤脚"马格纳斯，虽然名字（或者正因如此）立刻引发了人们不满的诘责。后来的战斗却被认为是维京时代的绝唱。他死于1103年试图征服冰岛的战斗中。

与此同时，缅因硬币的挪威身份在1979年才得到了确认（之前是被认为文艺复兴时期的英国硬币，这样就比较容易解释了）。具有讽刺意味的是，两年之后出版的卡尔文·特里林的漫画小说 *Runestruck*，讲述了缅因州海岸一座小镇在当地人于海滩上发现一件挪威史前工艺品后陷入混乱的故事。在这本小说里，那件史前工艺品是一块覆盖着如尼文字的石头而不是一枚硬币。更重要的是，在真实的世界中，人们的反映是温和的，而非疯狂。

也许真正的缅因村民们曾经看过特里林的小说，知道如何不去作出反应。或者也许奥拉夫就希望人们这么对待这个硬币之谜。

Out of Place in Time and Space

实践、信念和知识

有些词是专为那些在自己的研究领域不采用最新进展和发现的专业人员存在的。"无能"也许是对他们最温和的评价了。

但是，对于那些大胆使用超前科技——在它们还没有发明之前——的人，我们又该做何评价呢？

对此似乎没有什么词汇可以表达。但是如本章所列这些案例显示的，世上的确有真实的、有记录可查的例子存在。它们之中有些已经默默存在几个世纪了。还有一些例子所显示的知识则显然是幻觉，而另一些则显然是猜测，即使是正确的。

在多数情况下，这些拥有超前知识的人可以从中获得一些利益——否则，我们可能就不会知道这些。但是，拥有超前知识似乎也并不一定必然能产生积极的结果。显然，拥有他人没有的知识或信息并不一定就能自然取得所谓的"成功"。

不过，正如你将在下文中看到的，"成功"的案例的确存在。

至于他们是如何获得这些超前知识的，依然有待考证。继续看吧，你就会发现，这个问题可能并不存在简单的答案。

15

哈尔王子的现代外科手术

亨利五世国王,虽在少年时代做过奇怪的现代面部手术,但外形上并没有显示出有任何的缺陷。维基百科公共领域材料。

防腐外科手术可以追溯到约瑟夫·李斯特博士1867年发表在英国医学期刊上的一篇名为《防腐外科手术实践》的文章。文章介绍了如何通过伤口消毒和在手术中使用石碳酸所获得的出色疗效。在此之前，任何外科手术都是急救的一种极端手段，绝望中的应对之策。因为有感染的可能，在任何条件下进行外科手术，其风险都非同小可。

所以，在1403年，竟然有人做了消毒手术，且还装备有各种看上去非常现代的手术设备，这的确令人非常吃惊。

那年，16岁的孟莫斯领主亨利在英格兰中西部进行的什鲁斯伯里之战中，面部被箭射中。他当时正在当地随军镇压叛乱。那天，很多士兵都被箭射伤，但是年轻的亨利是威尔士亲王、英格兰王储，得到了精心照顾，由此从死亡线上被救了回来。

他当时带着头盔，但是面甲抬了起来，就像现在那些坦克指挥官一样。战斗开始之前，他一直努力获得最大视野。战斗刚刚开始，他的左脸就挨了一箭，靠近眼睛下面、鼻子旁边。打仗用的箭是将箭杆插入箭头尾部的窝槽制成，箭头与箭杆之间只用一些蜡粘接。箭头非常沉重、尖利且肮脏，救护人员努力将箭头从伤员身上拔出来，结果，他们只能拔出箭杆，而箭头则留在伤员的体内。这样造成感染的危险极大。

上述情况就发生在亨利身上。箭伤深达6英寸——再深一点就会致命。他被送到一个有多位医生的城堡，他们努力想把箭头拔出来，但是并不成功。最后，他们找来约翰·布拉德摩尔，一位皇家护卫，也是一位来自伦敦的外科医生。也许更重要的是，他还是一名金匠，这一职业使得他手指灵活，能够进行精细操作。

首先，他用蘸了蜂蜜的木质探杆打开了伤口（也许已经出现水肿）。

他的探杆越来越粗，直到伤口被开得足够宽足够深。

然后，利用金匠技巧他制作了"提取器"。我们现在能看到的其他箭头提取器其实就是一个金属头。医生将提取器插入箭头尾部的孔，当插入长度足够时就可以将箭头从伤口中取出来。由于受伤的位置非常敏感，这个方法（肯定会把箭头再向里推进）可能会致命。

于是，布拉德摩尔组装了一个有可调节手柄的插入工具。这个工具有点类似于喝茶用的糖夹，捏两个夹柄，就可以夹起一块糖。他的这把夹子手柄又细又长，成圆柱形。在手柄这段，布拉德摩尔打了一个孔，安装了一个螺纹杆。

当开始进行手术的时候，他将夹臂嵌入了露在外面的箭杆（这个过程很明显只能凭借感觉完成），然后他夹着夹臂并转动箭杆将其旋入箭头的凹槽，然后夹臂展开，抵住了箭头的凹槽。通过这些动作，他牢牢地夹住了箭头，慢慢但是完整地将箭头取了出来。

然后，布拉德摩尔用酒清洗伤口，并用已经经过蜂蜜和松节油处理过的材料包扎伤口。每次换药之后，采用的材料就减少一些，直到伤口愈合（经过大约20天）。显然，为了防止破伤风，布拉德摩尔还给病人配置了放松肌肉的药膏和防止痉挛的热膏药。

亨利王子（即后来的英格兰国王亨利五世）后来的画像表明，这次受伤并没有造成面部的损伤。他于1413年继承了王位，直到1422年在与法国作战时死于疾病。人们提起他时，总是想起他于1415年击溃法军，成为莎士比亚戏剧中的角色：《亨利四世》（第一幕）和《亨利五世》（第二幕）中的哈尔王子，这部剧也是以他的名号命名的。

神秘之处在于布拉德摩尔——他是怎么知道用蜂蜜、酒精和松节油的呢？我们知道这些东西有抗菌的功效。除此之外，几乎所有东西都可能是致命的。但是，没人，包括布拉德摩尔（如果他不是时间穿越者）在1676年之前就知道有细菌存在。

布拉德摩尔在1412年去世之前，写了一篇文章描述那次手术的过程，但是并没有解释为什么要那样做。这也许因为他的读者都是些中世纪的外科医生，这些人经历过艰难的手术，也有这方面的经验积累。他们知道，希腊人和罗马人曾经使用酒精和蜂蜜处理伤口。松节油可能是晚些时候才被人们发现有这种功效。布拉德摩尔使用的提取器则是他的首创。

布拉德摩尔当时真的知道细菌的存在吗？在使用探杆之前，他会放在火盆中烧烤，罗马人已经学会了如何处理手术设备。也许他的确加热了，而这个行为在当时非常普遍、不值一提。从另一个角度讲，如果他是个时空穿越者，了解细菌，在知道了没有现代医疗条件的情况下，破伤风的死亡率是50%时，他可能会觉得很无助。

他从来没有提到止痛片的使用。希望这也是在当时非常常见的，因此布拉德摩尔觉得不值得一提。

最后，如果你今天被箭射中，外科医生可能会用无菌手法而不是防腐的手法——使细菌不接触伤口，而不是用酸杀死细菌。在其他方面，医生会在手术之前用流动的热水对自己从手指到肘部清洗好几分钟。

当然，还有一些是布拉德摩尔可能也没有想到的。

16

显然不是平的

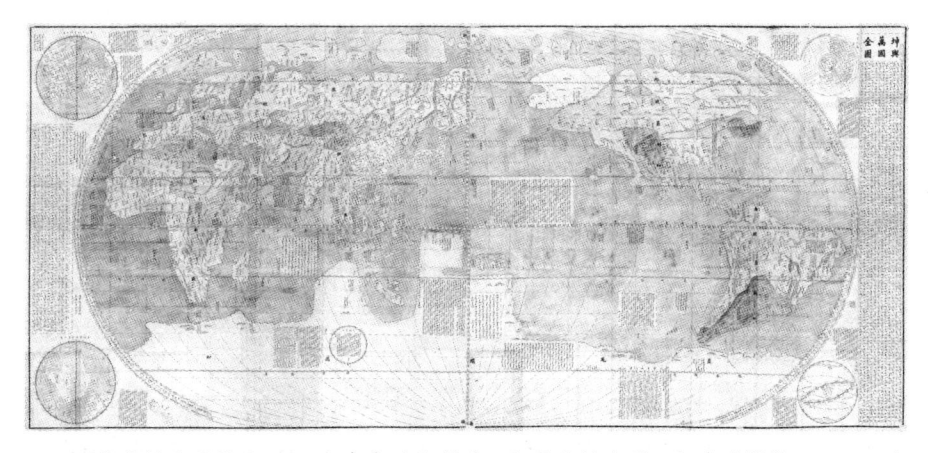

虽然这幅地图是于1602年在中国绘制的，但是这幅地图不仅准确得惊人，而且使用了1906年发明的地图投影术。维基百科公共领域材料。

地图是平的，你无法在一张平面的白纸上、在没有任何变形的情况下描述世界上的山川河流的轮廓。虽然很多种方法可以解决这个问题，即所谓的投影法，但是它们都是折中之策。

目前有一种常用的方法，已经被《国家地理》杂志采用。这一方法就是埃克特四世投影法。这种方法是由德国地理学家马克思·埃克特－格莱恩德霍夫提出的。

这种方法很奇怪，因为似乎它在《坤舆万国全图》的绘制过程中就曾经被使用过，这是一幅绘制于1602年、出现在中国的地图。

除此之外，奇怪的事情绝不仅限于现代绘图技术出现在古代地图上这件事。在中国最早绘制的地图上就标出了美洲。而且初看之下，非常准确。在那个时代，很难将这幅地图与这个对外部世界毫不关心的中央帝国联系起来。整体来说，还有很多奇怪的特征，绘图师称之为"不存在的黑郁金香"（提示：世界上没有黑色郁金香）。

首先，我们说说地图的投影。一类是墨卡托投影法，这种方法中，世界被看成是一个圆筒，印在了平面的纸上。地图上任何两点之间的方向都是准确的，水手们很喜欢这样绘制出的地图。但是地貌的面积随着纬度越来越向南或者向北，自东向西逐渐被扭曲，在南北两极达到了极致。几代学生所了解的关于哪个国家面积比另一个国家大的观点都是很奇怪的——特别是关于格陵兰的面积大于任何岛屿这个说法。

因为并非所有人都是水手，地理学家用其他方法进行了实验，以修正将地球当作是圆筒的概念，并且通过牺牲方向准确性的代价努力提高形状或者尺寸的准确性。还有一种称为假圆筒投影的方法。由于埃克特四世的投影法中，只有中心子午线（经线或者南北线）是直线。其余的子午线随着越来越远离中心，都会变得越来越弯曲，直到那些形成半圆框架的线到达地图两端。东西走向的平行线或者纬线都是直的，但是之间的距离并不相等，而是随着逐渐向极点接近而越来越靠近，距离大约是靠近赤道部分两线距离的一半。面积计算是准确的，但是形状和方向却因为该点距离偏南或者偏北40.5°中心子午线距离不同而有不同程度的变形。两点间的测量结果是非常完美的。

这（或多或少）就是我们对《坤舆图》（姑且这样称呼）的看法。这幅图绘制于埃克特四世投影方法出现之前的304年。在两端或者形成半球的框架子午线在接近中心子午线的时候，弯曲程度逐渐降低，中心子午线是一条直线。中心子午线长度是赤道长度的一半。格陵兰其实并不是占主导地位的大陆，各大陆之间的比例似乎是正确的。

实际上，除澳大利亚之外，所有大陆在图中都有出现，它们的轮廓直到对下加利福尼亚（墨西哥最北部的州——译者注）的描述，至少是大致准确的。这幅地图是1602年在中国绘制的，而中国人那时还未开启航海贸易，那怎么可能？毫无疑问，欣喜若狂的支持者会冲向他们的网络平台发表关于通过错误的选择、引用本句的前半段作为依据，即由明朝中国政府的地理信息发现UFO存在的证据。

通过仔细检查，其实一点也不奇怪。对这朵黑郁金香，有三个原因可以进行解释。（提示：不存在黑色郁金香，但是有深色郁金香，在适当的光照条件下，它们看上去就和黑色的一样。）

第一个原因是人们认为这张地图是中国地理学家画的，运用他们有限的地理知识在来自意大利的耶稣会神父、训练有素的科学家和制图师利玛窦（1552~1610年）的协助下完成。利玛窦花费了大量的精力学习中国的语言和文化，最终成为第一位被邀请到紫禁城觐见皇帝的外国人（在他成功预测了日食之后）。在紫禁城，他本来要觐见中国明朝的万历皇帝，但是却没有见到皇帝本人。实际上，这位皇帝在他执政的后20年中一直躲在后宫，拒绝召见他的大臣、拒绝阅读奏章，也不做出任何任命，造成了一个治理混乱的时代，并最终导致了明王朝的终结。但是在万历皇帝对政治和政府感到厌烦之前，他的确要求利玛窦绘制一幅世界地图。利玛窦将一幅地图挂在自己住所的墙上，以激起那些中国客人的好奇心，但是在旁边有罗马字母写成的标注，而中国的位置也偏居一隅。绘制完成的地图使用中文进行注释，而中央帝国也更靠近中心位置。据说，利玛窦将中国移至更加靠近中心的位置，是为了满足皇帝的唯我独尊，而不是表明中国与欧洲相距多远。结果是像他这样的"欧洲来的和尚"对于中国皇帝来说似乎没有什么威胁。

第二个让我们可以信赖合理性的原因是，通过进一步检查，发现地图并不是全部准确。由于欧洲各种航海发现和不断扩张的贸易航线，欧洲人从1507年开始绘制世界地图的精确度不断提高，但是直到1602年才有了较为准确的包含各大洲的世界地图。如果绘图师能够获得一些神秘的信息来源，澳大利亚、新几内亚就不会成为南极洲的一部分，里海也就不会被旋转了90°，哈德逊湾会更大一些而不是被圣劳伦斯海道挤占，印度尼西亚的岛屿也会排列正确，太平洋中也不会出现很多硕大的零星岛屿。

第三个原因是，绘图师可能并没有使用埃克特四世投影法进行绘图。极点线还没有像埃克特四世要求的那样达到赤道长度的一半长（虽然很难测量）。同样，纬线也应该在接近极点的时候彼此更加靠近，而在《坤舆图》中，它们似乎不是这样。必须承认的是，绘图师以这样一个投影为目标，独立进行发明，但是未能达到必要的精度。但是看起来就好像是他们只想要一个大致布局，为地图在角落留出空间，填充附加的信息，很像现在的《国家地理》杂志处理世界地图的方法。最后，他们想出了类似于埃克特四世投影法的方法。在左侧，是从顶角看北极的情况和从底部看南极的情况。右角则是绘有地理布局的天文信息。如果他们使用的是标准直角墨卡托投影法绘制，就没有可用的角落了。

最后，这幅地图是一幅黑白木版印刷作品，印在六卷纸上，总宽12.5英尺，5.5英尺高，适用于以卷轴的形式进行展现。这幅地图复制了大约

1000份，其中只有6份保存下来。印有当地语言的副本很快就出现在日本和高丽，随后出现的尺寸更小的彩色版本中海洋的颜色是蓝色的，其间随意点缀着绿色、粉色和黄色的陆地。

  我们不知道这种情况属于哪种时空错位，因为它显然是以当时的时代背景为依据的。我们不能将其称为一种非常尖端的技术现象，因为没有造成不好的后果。我们可以说，它的制造者最大限度地利用了其掌握的资源并做出了最好的效果。可悲的是，这种情况很少见。在这个例子中，最后的结果立刻引起了我们的注意，因为它们似乎摩登得有点惊人——黑郁金香。

17

阿基米德，从现在到永远

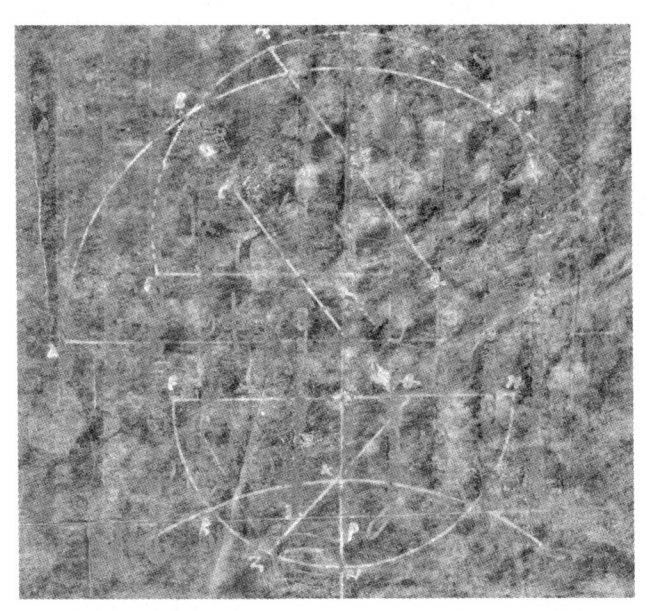

被部分发现的几何证明，最后保存下来的手稿前面的纸页已经被涂损了。阿基米德手稿的复件本上的数据，经许可使用。

令人恐惧的机器非常明显地不合乎时代,还有死亡射线——对多数天才来说,这些足以成就某人的事业。但是在谈及颠覆性时空错位时,阿基米德所取得的成就远不止于此。

前面已经进行了详细介绍,阿基米德在公元前214年依靠能够引起旁观者恐慌的机器反抗罗马军队——即使是在现代社会的今天也令人惊讶。

但是当你检查他的一些手稿时,你就会忍不住怀疑:他是不是操纵了时间旅行机器?

阿基米德留下了相当数量的命题和论文,总字数在10万左右。在他的著述中,并没有提到什么军用机器,而这种沉默也许是故意为之。

他的确写了相当数量的文献,介绍如何测量弯曲形状物体的体积。你会注意到,船的外壳有很多曲面。当你测量了它们的体积,就可以确定其重量,然后计算用多大的力量可以摧毁这艘船的外壳。就像前面介绍的,在罗马人进攻锡拉库扎时,就是他所做的机器摧毁了罗马战船。

当设计这样的反舰器械时,如果你是一名平衡、浮力和漂浮物体在水中运动方面的专家,这些知识也能够对你有所帮助。而阿基米德用了两卷文献的篇幅对这个问题进行了研究。

寻找各种方法来确定不同形状物体的重心也同样重要。而你会猜测,他也写了很多这方面的文章。

然而,鉴别——实际上是幸存下来的手稿成为第二种颠覆性时空错位的教科书的存在,远比第一种高明许多。

除了那些从古代埃及人的垃圾箱中找到的、在沙漠中保存完好的东西,古希腊人和罗马人的著作之所以能够保存下来,完全是因为历经这么多个世纪,总有人认为这些文字值得被不断复制、复制再复制。典型的情况是,这些文献开始记录在纸莎草卷轴，这些卷轴因为年代久远而腐烂，上面的内容又被抄写在羊皮纸上（手装羊皮纸）。我们今天看到的通常是第二代羊皮纸手抄本，抄写于欧洲的中世纪。

阿基米德的著作也是如此。只有3份手稿（以最初的希腊多利安语撰写，部分章节存在重合）得以在中世纪中留存下来。其作品存世如此之少或如此"不受欢迎"，可能是因为其内容远超当时读者的接受能力。

这些手稿卷宗中，有两份在文艺复兴时代散失了，留存下来的只有其他语种的翻译版本。第三份在1874年出现，是关于某些研究的，但是很快它又淡出了人们的视线——直到1999年再次面世，当时，一位IT亿万富翁（杰夫·贝索斯）得到它，并将其送给巴尔的摩一家博物馆以供研究之用。

手抄本是一种重写本，意味着有人曾经拿到了原本手稿，抹去了阿基米德的字迹，然后重新装订，重新使用，在本案例中被当成祈祷书使用。但是有些已经被抹去的材料还是可以看到的，有一部分在1906年已经被转录。使用现代图像、研究设备，可以提高其可视程度——然后发现了几个世纪都没人见过的内容。这些方法还可以使一些已知的内容更加清晰明了。

研究结果真是让人不敢恭维。他们发现阿基米德的证明是关于理解无限求和的概念。这是积分的基础，通常情况下，这些概念只可以追溯到1671年的艾萨克·牛顿。

阿基米德还证明了对避免在处理无限数量时可能产生悖论的理解：假设$A=\infty$，$B=2A$，那么$B=\infty$，但是$\infty=\infty$，所以$A=B$，而$B=2A$……避免这样的悖论的出现就是这一理论的基础，这一理论起源于19世纪70年代。

他的文章已经存在了大约2200年，而在过去的150年内才被完全转化成为第一种的反向的时代错位。

就这一解释，显然他的智力足以帮助他发明需要达到目的所使用的任何机器，这其中就有前文所述的巨型机器。也许我们可以将他与牛顿相比，牛顿同样发明了各种他所需要的（微积分）以达到自己的目标，这些都涉及找一种对轨道运动的解释。

同时，阿基米德手稿最后部分还有被抹掉的文字，以至于无法阅读，或者（如果我们足够幸运）不为人知地分散在其他中世纪的重叠抄本祈祷书中。谁知道呢，阿基米德也许还处在第二种颠覆性时空错位，等待我们具备足够智慧和能力去理解他。

18

纳尔逊机智果断的本领

纳尔逊元帅，似乎是依靠用数学分析的方法制订的计划赢得了特拉法加海战。而这种方法直到一个世纪后才被发明出来。维基百科公共领域材料。

公式被称为兰切斯特公式，或者相互摩擦的N2法则。这个公式在数学上描述军队如何相互造成对方的人员损失，1916年，英国工程师费德里克·兰切斯特在所发表的一篇很前卫的关于空战的论文中，提到了这一法则。

似乎这个公式被英国海军元帅纳尔逊勋爵在制定后来大胜的特拉法加海战的作战计划中用到了，这是一场针对拿破仑皇帝的生死之战。可是，海战发生在1805年，比兰切斯特发表文章早了111年。

人们称纳尔逊的管理风格为"纳尔逊机智果断的本领"。问题在于：他当时得到了什么样的资料？

兰切斯特公式意味着具有远程武器的双方力量比例不是基于他们的数量，而是根据他们数量的平方。比如，占有优势的A方人数为5000，对阵B方人数4000，其比例不是5∶4，而是25∶16。如果A方与B方一决雌雄（这种情况在现实中很少发生），B方将在A方损失了2000人的时候被A方全歼，因为A方幸存人数（3000）是由A2-B2的平方根决定的。等式表明即使最小的优势也能因为雪球效应而获得最终的胜利——但军队的士兵们必须对胜利有极度的信心才能在接着发生的大屠杀中存活下来。人数少的一方同样必须坚守阵地，直至被全歼，这样的战例也很少见。

这个等式已经在军事行动、战争游戏设计以及日本商业资讯中有所应用。但是在应用于现实世界之前，需要经过仔细的调整，这主要是因为公式假设双方对等地暴露在对方的炮火下，或者说是实力展示都是公开的，而这种情况并不多见。例如，在步兵的对阵中，防守一方经常在对方发起冲击的时候躲在掩体里，这意味着双方没有处在相互暴露的阶段。但是相互暴露的情况多多少少都确实会发生，比如在拿破仑时代的海战，当高高的帆船排成一字，两侧大炮的炮口指向彼此时即是如此。

让我们回到 1805 年，一支英国舰队在纳尔逊的率领下，已经在西班牙的加迪斯港击沉了拿破仑的一支舰队，为的是努力阻止拿破仑入侵英格兰。最新资料表明拿破仑当时在加迪斯港有 46 艘战舰，而纳尔逊在港外则有 40 艘英国战舰，根据兰切斯特公式，如果就此开战将会导致英国舰队的失败。

但是结果却并非如此。当纳尔逊等候着敌人出动的时候，他却另有计划。这些方案被他的舰长们以备忘录形式保存下来的——因为是与拿破仑第一次正面交锋，他们需要小心地展示自己的实力。

现代化时代之前的航行舰队通常采用单发、跟随行使指挥功能的头舰的惯例。投入战斗的两支舰队都希望平行面对彼此，在近距离内发射枪炮，然后进行舰对舰的捉对厮杀。这种战斗方式，电影工作者一定喜欢。不过失利的一方可以随时撤出战斗。

纳尔逊不会采用这种战斗方案。他计划以垂直队形而不是平行队形靠近敌人，以三列纵队而非单列纵队，笔直向敌方舰队中心运动。第一纵队只有 8 艘战舰。这一纵队会击溃对方中心前部的几艘战舰。第二纵队有 16 艘战舰，会迎面攻击敌方中心。第三纵队有 16 艘战舰，会攻击敌方尾部的 12 艘战舰。

纳尔逊没有解释为什么会如此精心设计攻击对方舰队的位置（至少没有体现在纸上）。但是 111 年以后，一切都明了了。

如果你靠后站，盯着那幅巨大的图，你会看到，在纳尔逊三箭齐发之后，23 艘战舰处在敌方舰队的尾部，要面对的是 32 艘英国战舰。兰切斯特的公式表明，英国在这场混战中的优势为 3∶2，但是实际上却是 2∶1。如果他们战斗到最后，敌方的尾部就会被全歼，而英国舰队则只损失 10 艘。

如果敌方前部的 23 艘战舰想要掉头（对于海军来说这是一个缓慢的过程）来增援后面的战友，首先要穿过纳尔逊布下的 8 艘战舰。根据等式，法国人会击溃这 8 艘战舰，并在这个过程中损失 2 艘战舰。他们必须接受这种不太可能出现的情况：21 艘幸存的法国军舰将在阵线的尾部，对垒 22

艘幸存的英国战舰。当硝烟散尽，等式表明英国人还有 7 艘战舰，而拿破仑则损失殆尽——而这与原先的设定相去甚远，如果按照原来的设定，拿破仑会剩下 23 艘，而英国人则被全歼。

也就是说，计划非常完美——直到纳尔逊元帅去世 1 个多世纪之后，人们才根据数学原理发现其中的奥妙。

当这一天来临的时候（1805 年 10 月 21 日），拿破仑的舰队出现在加迪斯港，有 33 艘之多，而英国战舰的数量则减少到了 27 艘。当时，微风，所以纳尔逊先行派出了 8 艘战舰吸引对方火力。他的另外两个纵队在中心靠前的位置突破了敌方阵线，敌方前半部分的战舰并不想转头援救伙伴。当烟雾散后，英军俘获了敌方 22 艘战舰而自己毫发未损。（根据等式，英国应该损失 8 艘才能击溃 22 艘。但实际上，因为拿破仑的舰队瓦解，陷于困境的英国军舰才会得到后援）。拿破仑无力再对英国造成海上威胁。实际上，在兰切斯特有生之年，都不会有人做到这点，英国海军也从此所向披靡。

这似乎是第二种颠覆性时空错位的最好例证（也就是说，来自未来）。历史学家和评论家们不了解为什么纳尔逊的作战计划引用了 1916 年才出现的公式。而当迷雾散去，他的计划成为第一种颠覆性时空错位。

对于纳尔逊元帅的先见之明的简单解释就是，并没有什么先见之明。假设，他在如何击败法国舰队方面投入了大量精力，并得到了最好的建议——而结果恰好体现的是 N2 法则。他也许将这个方法视为军事秘密，而它们随着他一同在特拉法加殉国（纳尔逊元帅在那里被法国狙击手射杀）。

任何一个有着真正先见之明的时间穿越者都会知道那个时代海军生涯的实际情况是怎样的——糟糕的食物、不清洁的饮用水，拥挤、潮湿的生活条件，原始的航行，不稳定的动力，野蛮人一样的纪律，还有很多由于不断从空中落下的加农炮弹造成的麻烦——当然还有就是要记住随时从旗舰上传过来的紧急指令。考虑到这些，那么将这场海战的胜利完全归功于纳尔逊元帅就是必然的结果了。

19

飓风帕姆

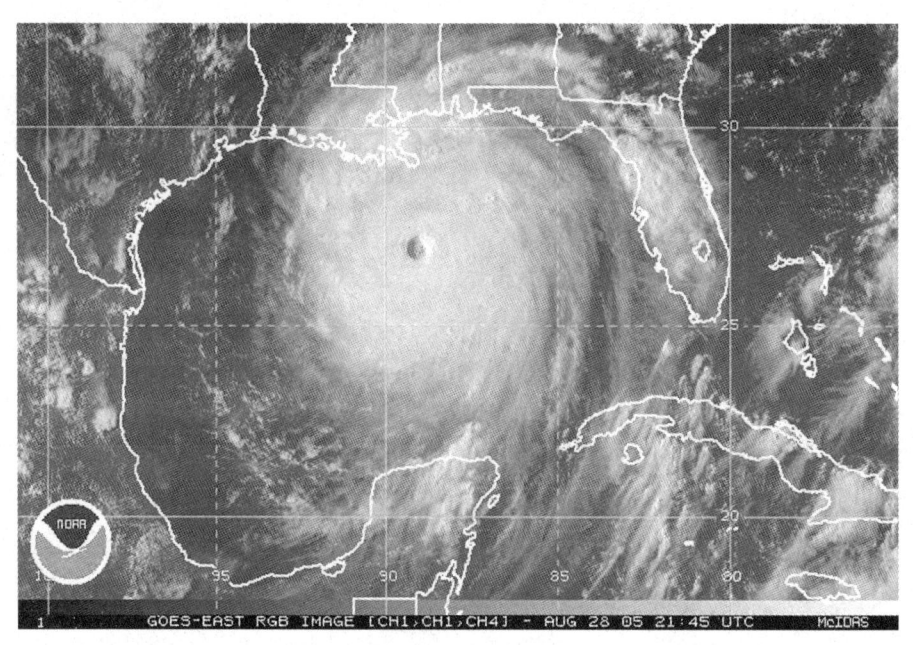

这是一幅从空中拍摄的卡特里娜飓风的卫星图片,飓风帕姆惊人地"预言"了卡特里娜飓风的发生。NOAA 提供图像。

2004年9月26日，飓风一路呼啸着从南部向新奥尔良冲了过来，在28日早上，洪水上涨，到夜晚降临的时候就达到了灾难性的水平——毕竟，这个城市的部分区域比这个水平面还低20英尺。上千名未曾留心车里广播的人分散在城市被洪水冲毁的废墟中，无人帮助。官方启动了"莲花瓣"策略，将幸存者随机进行分批转移，先送到未受洪水侵袭的地区，然后送到高地，最终，送到安排好的庇护所。

对，卡特里娜飓风是个噩梦——除非前面的文字并不是关于2005年8月的卡特里娜飓风的介绍。飓风导致美国海湾沿岸居民的生活遭受巨大损失，众多政治家和官僚的职业生涯也因此而终结。

其实，我们所说的是飓风帕姆，它是2004年7月在巴吞鲁日举行的一场为期5天的紧急情况备战演习所设想出来的。300位本地官员参与此次推演。他们本可以借此提高自己的声誉和事业，因为13个月后来袭的卡特里娜飓风与他们当时推演的飓风帕姆十分相似。

看看帕姆与卡特里娜的比较，你肯定会想，到底是谁在操纵时间机器。

	帕姆	卡特里娜
降雨量	20英寸	18英寸
风力	120英里/小时	在路易斯安那州登陆时，约120英里/小时
将新奥尔良积水排干所花费时间	30天	43天
流离失所居民人数	路易斯安那州有约100万	墨西哥湾沿岸地区约100万，主要集中于路易斯安那州
疏散率	35%	80%
需要医疗救助人数	约17.5万人受伤，20万人患病	约6万人
死伤	没有公开数据，大约1万人	至少1836人

099

续表

被毁建筑	50万~60万幢	仅新奥尔良就有20万幢
治安情况	没有提及	完全崩溃
通信情况	没有提及	完全崩溃
需要为无家可归的人安排的临时房屋	20万幢	70万人得到了某种程度的栖居帮助
庇护所容量	当地资源可以支撑3~4天，之后就需要外界提供援助	似乎没人看到这份备忘录
莲花瓣策略	有用	总比没有好

两种情况的巨大差异在于，帕姆的计划者们假设只有35%的居民能够疏散。实际上，卡特里娜飓风造访佛罗里达州的时候，这个数至少是80%，因此造成的伤亡也比帕姆计划少得多。除此之外，似乎还有一个帕姆计划者们没有设想到的情况，即政府能够在必要和必需的地方运用强制力——政府应该在其他社会机构瘫痪的情况下依然能够行使功能。相应的结果就是，需要帮助的人最终得到了帮助，而且非法行为和劫掠行动都不会出现。但是当然，300名官僚和官员不会用一场演练来发现他们到底有多无能——参与者必须在搓手想对策之外还能做些实际的事情。

然而，让人欣慰的是没有出现社会动乱、没有官员的不作为、令人恐惧的媒体形象和政治方面的替罪羊，飓风帕姆依然具有无情的预言意味。不管怎样，组织者们没有提出灵媒般的先验，也没有这样的权力需要用来解释帕姆。显然，组织者们正在寻求一种情况，这种情况需要的是尽可能多地从政府机构和非盈利性机构处获得最大化的资源——或者说，检验他们遭受破坏的程度。毕竟，什么事都不会像一场飓风一样具有如此的教育性，而且也肯定不会让300个人聚集在一起待上一周的时间。所以，组织者就炮制了最糟糕的但是却是最真实的情况，一场级别为3级的风暴缓慢向新奥尔良移动，将给这座城市的堤坝带来灭顶之灾，更不用说众多的边远地区。

令人意外的是，大自然母亲似乎也有相同的目标，在被设计得面面俱到的飓风帕姆在最后的记者招待会还没有完成的时候，就对新奥尔良实施了自己的版本。大自然母亲的确用毁灭性的手段对他们进行了考验。结果具有深刻的教育意义。

至于这场演练，在卡特里娜发生之后，各种观点使得事情变得简单了——忘记吧。辩护者们异口同声地说，这种规模的灾难超出了所有人的预见。布什总统在电视上发表讲话，说没有人能够预见到堤坝会被冲毁，新奥尔良会被淹没；而国土安全部长也说，卡特里娜带来的结果是不可预见的。可是，就像我们看到的一样，帕姆所造成的伤害几乎和卡特里娜一样，甚至造成了更大的伤亡。

就算没有飓风帕姆，人们也没有理由表示惊讶。奥尔良的陆地高度近几十年一直向下陷落，而周边在风暴袭击新奥尔良的时候起到作用的小岛在近几十年中也侵蚀严重。每个夏天，在飓风季开始的时候，政府都会出台另一套警告令，指出新奥尔良的可怕情况，如果出现一次大的飓风，它就会葬身海底。媒体出于责任也会对此进行报道，并为它们加上一些文学色彩。但是这座城市，除了在1965年遭遇贝斯飓风和由它引发的洪水之外，从没遭受过大型风暴的正面袭击。从那之后，人们在风暴来临的时候就要疏散，已经有过好几次的经历了，但是那些风暴要么转向另一边，要么减弱。也就是说，当地人"如履薄冰"了40年，已经习惯于拒绝接受现实了。

与此同时，当地官员储备了1万个裹尸袋，但有人估计，大型风暴会造成10万人的死亡。

必须要承认的是，无视事先演练结果的做法并不少见。最著名的例子就是"二战"时期日本海军在进行一系列行动计划演习后，却遭遇了1942年中途岛海战的失败，日本海军联合舰队司令官山本五十六遭遇的情况就是，他的航母在美国空军对这一岛屿发动袭击时表现得如此不堪一击。这一事件被认为是意外事件，曾经失去联系的航母经过维修，又重新归队，以参加最后的演习行动。随后，当日军准备好对中途岛进行打击的时候，航母甲板上堆满了燃料和弹药，美国海军向航母猛扑过来，倾泻了炸弹，击沉了 3 艘航母。然后又返航，击沉了第四艘也是最后一艘航母。这一行动倒可以看做是意外事件——如果没有之前的演习，如果这次海战不是成为太平洋战争中最具决定性的海战。

回到墨西哥湾岸区，飓风帕姆演习的教训依然适用。在同样的水平下，如果演习在 2004 年进行，什么也不会改变。一次新的飓风季在大西洋海盆地区每年的 6 月初生成，直到 9 月份结束。每年，都是一次掷骰子，又是一次迎面直击的可能，又是一次新的灾难。

帕姆可能依然是一种挥之不去的预言。

⑳ 天狼星和多贡人

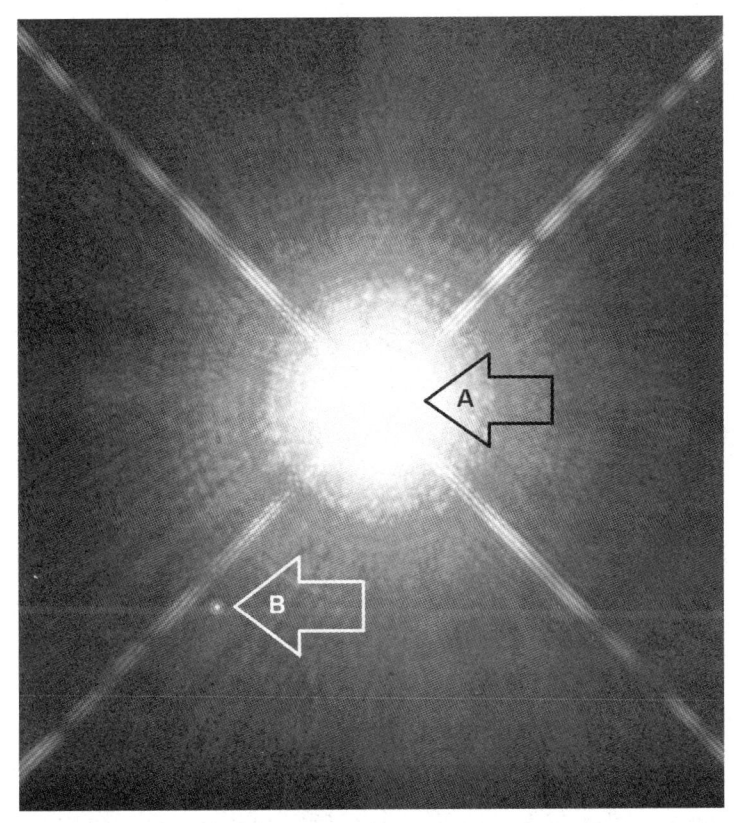

天狼星 A，夜空中最明亮的星，以及它亮度微弱的同伴——天狼星 B。由哈勃太空望远镜拍摄，NASA 提供照片。

天狼星是夜空中最明亮的星。如果某一天，天空中出现比天狼星还明亮的光点，肯定是行星，特别是金星或者木星——或者是卫星或飞机，也有可能是 UFO（为什么不呢？）。之所以被称为天狼星，因为它是大犬座中最明亮的星，在拉丁语中被称为"大狗"。大犬星座在仲春时节出现在清晨的天空中，在整个夏天，它出现的时间会逐渐增长。古代人认为这是由于夏天"盛夏"所产生的热量的缘故。

我们现在知道，天狼星（距地球 8.6 光年），其实是两颗星，因此又分为天狼星 A 和天狼星 B。天狼星 A 是主星，天狼星 B（"小狗"）是微弱的伴星。1862 年，芝加哥大学在对一台新投入使用的创下当时尺寸记录的望远镜进行检测时发现了天狼星 B。天狼星 A 环绕天狼星 B 以 50 年为周期进行运动，天狼星 B 显然是与天狼星 A 相分离的，从地球上看，它们之间的差别只有 3 ~ 11.6 弧秒。

现在我们需要解释一下关于对明显分离的测量，并将这些测量数据进行解释。

- 围绕着你的环形被分成 360 份。
- 1 弧分是 1° 的 1/60。
- 1 弧秒是 1 弧分的 1/60。

在透视中，1° 的目测宽度（而不是长度）应该是你小拇指在一臂距离之外的宽度。满月的目测宽度是 0.5°，或者 30 弧分。（没错，尽管挂在树梢的月亮看起来很大，你依然可以伸开小拇指尖遮住月亮——可以试试。）一个拥有正常视力的人应该能够识别 1 弧分的差别甚至更小。木星的目测宽度差别很大，但通常都是 0.5 弧分，或者 30 弧秒。直到第一台天文望远镜出现之前，这些天体看起来并不像是圆盘。显然，天狼星 A 和天狼星 B 的目测距离会是木星目测直径的好几倍。

同时，天狼星 A 和天狼星 B 的分离用一台质量可靠的民用望远镜（比如 6 英寸的反射望远镜）就可以发现，但是 B 经常被 A 的光芒所掩盖，A 的亮度几乎是 B 的几千倍。想看到 B 就需要特殊技术。这些技术一般都建立在一些对天狼星 B 的位置预先有所了解的基础之上。

对上述情况阐述的结果就是任何对不同季节的夜空进行关注的史前文明都会对天狼星 A 有所了解。毕竟，它是夜空中最耀眼的星。但是没有望远镜，就不能对天狼星 B 的存在有任何了解。没有良好的天气情况和视敏度，人们是无法看到天狼星 B 的。

所以当有人声称，一个没有光学技术传统的未开化的非洲部族知道天狼星 B 的存在，这肯定会让人大吃一惊。

这一部族就是多贡人，居住在非洲国家马里的莫普提地区。马里是一个面积广袤的西非内陆国家，阿尔及利亚在它北面，科特迪瓦是南方邻国。莫普提地区则在这个国家的中部，以尼日尔河流过而著称，这里还有世界上最大的泥造清真寺和廷巴图克之路。这一地区一直处在各撒哈拉帝国的统治之下，直到 19 世纪 90 年代成为法国在西非的殖民地。马里于 1960 年获得独立，但是法语依然是其官方语言。

关于多贡人和他们与天狼星的故事出现在法语文选编者马塞尔·格里奥尔的文章中，故事是他在 20 世纪 40 年代对一个名叫 Ogotemmeli 的盲眼多贡哲人进行采访时收集到的。这位哲人向人们展现了复杂、精妙的世界观，在其中体现了多贡人的文化以及他们周围的现实世界，反映了漫长、复杂的奥秘形成的过程。在这些过程里，孪生和二元性起到核心作用，其中就包括关于天狼星是双星这一信息，还有天狼星 B 的轨道周期。还提到这个系统拥有第三个成员，但是目前还没有被发现。

格里奥尔显然被迷住了，他随后所进行的民族志学的研究也让他声名鹊起。他并没有质疑这些信息的可靠性，哪怕其中一些神话听起来就好像是主日学校课程的回放。例如，英雄反抗造物主，经历了赎罪之后，被方舟从洪水中拯救，还要经历刑罚。这个和《创世纪》中第九章诺亚醉酒非常相像的故事也出现在其中。

历代学者和作家们都愿意鹦鹉学舌一般模仿着他的发现成果，急不可耐地冲到多贡，想要利用他们的世界观。例如：

- 古代埃及人的望远镜在他们的发现中变成了多贡人的成绩。
- 仁慈的天外来客一定存在，因为它们显然在到访地球的时候将信息传递给了多贡人。
- 黑色的皮肤有很多优势，比如可以让你在晚上获得更好视觉，特别是在沙漠中。

这些断言也许已经对某些人的学业或者出版事业产生了极大的推动作用，其他的人则对此表示怀疑。如果古代埃及人有望远镜，他们那些具有天文学知识的继承者们却为何只将这些知识教给了在非洲另一头的多贡人？为什么矮小的绿色人没有将一些会对多贡人有帮助的信息传递给他们，如如何修建灌溉用的水坝？（说到这个，格里奥尔实际上也参与了当地的水坝建设。）至于深色皮肤的问题，它真的能让你的眼球有六英寸宽？（顺便说一句，这就是你所需要用来观测天狼星 B 的设备。）

所以，毫不奇怪，在 20 世纪 90 年代，有些人努力想要复制格里奥尔的发现变得不太可能。研究人员们发现与格里奥尔一起工作的部族成员，回忆起格里奥尔从来不用"我不知道"作为问题的答案。如果格里奥尔想要，他们会为当地二十多种不同的蜣螂创造出特别的多贡名字。不过，他向他们支付工资。

现代的多贡人会为 Ogotemmeli 复杂、精妙的神秘创造而着迷。如果它代表了一些秘密的多贡神秘主义，他们可能永远不会听到这些。就天狼星是双星来说，他们同样从未听说过这样的事情。他们的确猜想过有些星星是从其他一些附近更亮的星星演变而来——或者说，这些说法属于不同的时代。不过，法语中，generation 和 giration（意思是轨道）这两个词很容易搞混，而格里奥尔所使用的翻译并不是大学毕业生。（格里奥尔可是大学毕业了，而且对天文学非常熟悉。）

多贡人几乎一直与外界保持着联系，因为部族的成员从第一次世界大战起，就一直在法国军队里服务。他们中的任何人都可以读到天文学方面的书籍，开启文化间交流的闸门。

换言之，这些天文知识比那些深深植根于现代社会、伴随着纯属噪声的知识似乎更让人兴奋。噪声是来自两种不同文化的互动，其中一个正在评判另一个。有的人听到了这些噪声，听到自己想听到的，这些人没有被这些被当作真理的咬文嚼字的概念淹没，也不会被一种比其他想法更伟大的想法压得喘不过气。并没有颠覆性时空错位或者对线性时间顺序概念或者技术进步的挑战。

有一点被忽视了：沙漠之中的月朗星稀夜，远离城市灯光污染的地方，星辰闪烁，真是美不胜收。

多贡人的确知道这些。他们又需要多少天文学方面的知识呢？

Out of Place in Time and Space

生活和事业

做出预言——即使是那些成功的——是关系到洞察力和判断力的事。但是这些预言是否能成为现实？有些人不仅能够做出正确的预言，还能够让这些预言在生活中变成现实。

其间，你会认为，成功的预言应该是不可击败的事业选择。不过，你得事先知道什么预言会有用，什么不会有用，这应该为你提供区别于其他人的主要优势，而别人正在浪费时间和精力从艰苦的经历中学习。但是从这些收集在一起的例子中可以判断，这样的事情其实并不重要。

在我们的例子中，关于事业最成功的预言，要么令人讨厌，要么使人好奇，没人依靠预言就能杀出一条血路。最不成功的预言都被人们忽视了，他们的继承者会提相反的预言，就好像之前的预言从来就不存在，或者两种情况都有。此外，人们还会装着并不留意自己的预言，还有人则巴不得自己错了。

但是，有件事是清楚明了的，这些预言者并不是为了让旁观者（或者是他们自己）感觉更好。基本上，他们似乎是有意识地做着他们认为需要完成的事情，目的是为了想象即将实现的未来。

或者是动机不可告人，历史上只留下蛛丝马迹般的线索，或者就和你今天早上起床的原因一样。（你知道第二天是否会天亮？新的一天中包括你想象的会有特殊结果的特别事情发生吗？）在我们下面要举的例子中，动机往往很难甄别。

但是请别相信我，读下去。

21

发明现在

道格拉斯·C.恩格尔巴特,花费多年时间发明了我们现在使用的现代办公室,这个想法基于他1951年一次开车上班的经历。SRI国际提供图片。

假设你正在开车上班的路上（假设你在加利福尼亚州某间办公室工作），突然有了一个想法，即想象你有一台电脑控制的显示屏，上面演示着代表你想法的一些符号，然后你可以自由浏览各种信息，同时还能与地球上任何位置的合作者取得联系。

你也许可以继续开车去上班，因为这个想法只是你对如何在办公室工作的总结：面对着台式机屏幕生动的界面，用互联网与外界保持着联系，度过一天的时光。

如果你在1951年就有这个想法呢？

也许你会觉得困惑。那个时候计算机是要占用一个房间的庞然大物，用于特别项目而且由电传打字机进行控制。至于说到与人的实时互动，无论如何都是闻所未闻的，即使是你在密西西比河以西发现什么不可思议的事情。当时最类似显示屏的东西就是雷达屏幕。

但是，如果你是工程师道格拉斯·C.恩格尔巴特，你就会自己动手将它变成现实——而且会成功，创造出一个庞大的现代世界。

恩格尔巴特生于1925年，二战后期，他在美国海军担任雷达技师。在海外的时候，他偶然在一所红十字图书馆读了万尼瓦尔·布什的文章《诚如我们所思》。文章强调了需要利用技术扩大人类的智慧。

1951年他25岁，恩格尔巴特获得了工程师资格和一份稳定的工作，订了婚。他所有的愿望都满足了——他开始怀疑这些"愿望"有多么的肤浅。在养家糊口的同时，他决定着手创造一些能让人类生活得更好的方法。

然后，他就有了这个想法。

这个想法就是他自己的长征，这次长征陪伴他度过了研究生时代，直到1957年他在斯坦福研究所（即后来的SRI国际）找到一份工作。这让他有一段时间能够有资金进行自己研究，最终他所做的，是发表了一篇名为《增加人类智慧，一个概念性框架》的文章，这是为1962年海军的研究项目准备的。这个项目希望创造一个平台，让人类的想法、情感和其他看不见摸不着的东西能够通过某种电子仪器展现在人们的面前（也就是计算机）。这一设想使他获得了美国国防部高级研究计划局（DARPA）和美国宇航局（NASA）的资助。

NASA希望得到的是关于屏幕选择设备方面的建议，在实际情况下通过阴极射线管（我们现在叫做计算机显示屏）控制计算机，并进行使用。当时已经有了光笔，但是使用者需要不断抬起笔触碰屏幕，这很容易使人疲劳。恩格尔巴特的团队对一个放在桌面下，用膝盖操纵的指示器进行了实验，但是也很累人，而且缺乏细微控制，各种类型的操纵杆由于种种原因都不能令人满意。

然后，他们尝试了一个装有两个传感滑轮的小盒子，你可以在桌子上把盒子推来推去地进行操作，这样屏幕上的光标就可以追踪小盒子的运动轨迹而移动。连接线延伸出来看上去像个尾巴。这个小盒子把操纵杆的使用功能最大化了，人们开始称其为鼠标。滑轮之后变成了橡胶外皮、铁质内球的形式，然后出现了光传感器。今天，你可以使用无线鼠标，这种鼠标已经"名不副实"了。最终的专利属于SRI，恩格尔巴特没有拿到一分钱的专利费。

其他的成果在1968年计算机工业年会（也被称为"展示之母"展会）上面世，这次与会人员达到1000多人，由于有了早期的投影仪，他们可以在一个大会堂里观看会议情况。

恩格尔巴特展示了一个拥有屏幕编辑、超文本、有三个按键的鼠标、一个具有特殊键的键盘、远距离连接、完整信息和视频会议的系统。

屏幕编辑显然是文字处理的基础，你可以很轻松地在某个字母前后的光标位置输入文字。之前的文本编辑器，基本上都得在纸质文件上修改，相比之下要粗糙麻烦得多。

超文本（也称为超链接）就是互联网用来将全世界联系在一起的东西。在 1968 年，还没有现在形式的互联网，恩格尔巴特用超文本展示了精巧的脚注甚至是概要。

此前从没有人见过鼠标。他的鼠标还有传感器滑轮，使用者可以将鼠标放在桌子上的任何地方，只要自己觉得舒服就好。事实上，恩格尔巴特在键盘右侧留出了一块地方放置鼠标垫。他指出自己的鼠标不能完全准确地追踪屏幕上的文本，但是多数的用户都是盯着屏幕，然后调整鼠标，以选择自己需要看到的内容。

他展示的键盘上有几个额外的键，是专门为电脑控制准备的，按键排成了 4 排。在左侧，还有 5 个键组成的特别键盘，让你可以输入任何字母。（他们只是用了简单的大写字母，所以 5 个键就可以有很多种组合。）

他所展示的信息系统已经比电子邮件更接近于现在的即时通讯系统，不过那时候他们的系统只有 6 个终端，所以人们更倾向于将它当作电子邮件使用。

远程会议是通过标准的电视设备并通过操纵控制，结合使用者的图片和屏幕上的内容进行的。换言之，视频（或者音频）没有像今天一样，经过数字化处理（包括文本与图片）。

另外，他的文本编辑器拥有能够让两个人同时处理文本的装置，这样做，其实是为了多人处理而设计的。

至于互联网，恩格尔巴特提到了他正处在试验阶段的 APRANET，试验的目的是使他展示的各种设备能够进行远程联系。

他获得了人们长时间的起立鼓掌。不仅于此，一个行业也围绕着他的想法产生。他所展示的，唯一一件你没有在现代办公室里发现的就是那个 5 键的键盘，可能还有实时合作系统。对于那个 5 键键盘来说，现在每个人都在使用全键盘，既有大写字母，也有小写字母，所以 5 键键盘显然是不够的。实时合作系统一般需要大量的微处理管理，这往往会让使用者感到很麻烦。

生活和事业

ARTANET已经发展为互联网以及万维网（恩格尔巴特的实验室就是ARTANET/互联网最开始的四个节点之一）。因为有电子邮件系统的帮助，互联网成为许多商业与工业上不可缺少的部分——如果没有联系方式，业务是无法展开的。不过幸亏有了激烈的市场竞争，使处理能力强大的个人计算机的价格也就相当于一台电视机的价格。

个人计算机的出现意味着依然相信多用户环境的人们发现自己面对越来越少的观众。这其中就有恩格尔巴特，于是他开始参加各种管理研讨会、咨询会。20世纪80年代，当他的研究基金开始不足的时候，还偶尔通过一些协议获得后续资金。在他所发表的文章中，他将道格·恩格尔巴特研究所这个非营利性机构的目标定位为进一步研究扩大人类智慧的方法。

如果他的观点中包含颠覆性时空错位的话，那么恩格尔巴特一定是少数事业有成的人之一。但是这样说也许更公平些：任何被万尼瓦尔·布什的文章所打动的人，都可能知道计算机将会有什么样的作为，计算机之前只是与雷达显示器一起使用，他们也许会陷入思考相同的问题。恩格尔巴特觉得这个想法值得深入——也的确将这个想法变成了现实。今天，办公室的员工们坐在视觉丰富的计算机终端前，操纵着以符号为基础的控制单元（它们被称为图标）浏览四面八方信息（称为互联网）。

他的创新成功了吗？我们能真正提高人类的智慧吗？或者我们只是通过使文书工作飞快进行而对着Google搜索结果发呆？公平点说，我们已经能够像古登堡亲自探索活字印刷的潜力一样，探索这种新环境的潜力。

也就是说，人们还需要几个世纪的时间。

另外，如果你在开车上班的路上，产生任何奇怪的以技术为基础的想法，千万别错过，也许你可以考虑留意这些想法。

22

个人对抗时代错位

克罗族的"伟大成就"酋长,他儿时做过一个梦:白人会消灭所有的印第安部落,杀光印第安人赖以生存的水牛,改为养殖牛群。"伟大成就"酋长以此来引导自己的部族成员。维基百科公共领域材料。

当你确定自己知道了关于未来的信息之后，你会怎样做——你的生活会不会被毁了？怀疑自己是否清醒，然后闭嘴？就像《四眼天鸡》里的主角一样跑来跑去，声称天要塌下来，直到路人把你按在地上？或者是相信这些信息是真的，然后以此来趋利避害？

在 19 世纪生活在大平原上的印第安人中，的确有人预见到了未来，然后利用这种先知先觉为自己的部落谋求利益，而其他部落的人都屈服于白人征服的铁蹄之下。

他就是克罗族的一员，生于 1848 年，名叫 Aleek-cheaahoosh，意思是"伟大成就"。所谓"成就"一般指的是做了某件事，并被人认为很勇敢。如在战斗中将敌人缴械，或者从敌营偷回一匹马。获得"成就"并不意味着他们将战争视为某种体育运动。相反，他们看重的是从永恒的部落战争中发现个人存在的意义和价值。同时，一个人也必须在 25 岁可以结婚之前取得至少一项"成就"。一个人如果在 25 岁之前没有取得任何"成就"，也可以结婚，但是他的妻子却无权涂脸。

印第安人的文化传统之一是极为相信预兆。每个战士都会有一个预兆，通常是通过孤独的斋戒和探索而引发。在预兆中看到的内容，为其未来的生活定下了基调，而且还会告诉他在危急的时候需要求助于何种动物的灵魂。

"伟大成就"在 11 岁的时候就有了清晰的预兆。在一个穿着水牛皮袍的神秘人的指引下，他看到了很多野牛从大地的一个洞里冲出来，散布到整个大平原上——然后又消失了。随后又一群奇怪的动物从那个洞里出现，覆盖了整个平原，它们长得和水牛不太一样，尾巴更长，发出不同的声音。

然后，他看到了一个老人坐在一座房子的阴影中——这座房子就是他将来长大后拥有的。

然后他又看到了一片黑森林被大风袭击,所有树都被吹倒,只有一棵幸免于难。树上有一只柔弱的山雀。这个神秘的预兆让"伟大成就"断定,山雀是个很好的倾听者,它会学习别人,从别人的成功或失败中汲取教训,从而避免陷入困境。

在"伟大成就"醒来后,回到了村子里,人们召集了部落大会听他讲述预兆,这是惯例。人们催促他说出见到的每一件事情,并告诉他说,如果他太年轻,无法理解这些,还有在场的其他人能够理解。

当他描述自己的预兆时,主持大会的酋长点燃了一支烟,按照太阳升起的顺序,即从东向西,将它传给屋子里的每一个人。烟在房间里传了4轮,人们谁也没有说话。

最后,领头的酋长解释说:在"伟大成就"的有生之年,野牛会消失,被白人的牛群所取代。那些反对白人领地扩张的部落将被消灭,就像是他预兆中的树林。但是如果克罗族人(他们的人数总是比白人少)听话并学会像山雀一样生活,也许会幸存下来。后来克罗人成了唯一一个没有与白人发生战争的印第安部落,他们也努力与白人保持友好的关系。

这就是预兆在将来几十年间如何产生作用的。事情在"伟大成就"29岁那年的夏天发生,那时候他已经成为酋长。身穿蓝色制服,走路一瘸一拐的士兵来到"伟大成就"的营地,寻求帮助,他们与克罗人的世仇——苏族、夏安族和阿拉珀霍族人——作战。克罗族的酋长同意了,他们努力证明自己与白人的友谊,这与"伟大成就"的预兆是一致的。克罗族战士被派去担任"启明星之子"和"另一个人"的侦察兵。"伟大成就"自己则带着为数众多的克罗族战士向"三星"的营地进发。

这个地区遍布着敌军的侦察兵,多得就像野牛皮袍子上的虱子,"伟大成就"觉得"三星"没有意识到情况的严重性。首先,"三星"正在等着信使的到来,而信使几乎不可能穿过层层包围到达营地,然后"三星"向着玫瑰花蕾峡谷的苏族挺进,其实他完全可以迂回前进。由此导致大战进展得并不顺利，他们不得不退守到"三星"的马车营地。

"启明星之子"的情况更加糟糕，他并没有等候"三星"或者"另一个人"，而是将自己的队伍分成几个小队攻击敌人的村庄。可是这些村庄对他的队伍来说太遥远也太大了。当克罗人的侦察兵"半黄脸"看到"启明星之子"所做的事情之后，就开始在自己脸上描绘葬礼用的花纹。"启明星之子"问他为什么要这样做。

"因为你和我今天要回家了，我们要走一条以前从来没有走过的小路。""半黄脸"回答道。"启明星之子"很不高兴，他让"半黄脸"走开了，所以在那天的战斗中，"半黄脸"留得活命。

很巧合，"伟大成就"29岁那年，也就是1876年。跛脚士兵是约翰·吉本中校（在美国内战中两次受伤），而"三星"则是乔治·克鲁克将军。那场"伟大成就"参加的并不顺利的战斗就是玫瑰花蕾之战，这是发生在大平原上最大规模的印第安人之间的战争。"启明星之子"就是乔治·克斯特，他应该等待"另一个人"（即阿尔弗雷德·特里将军）和"三星"。他发现的敌人的村庄在小比格霍恩河沿岸，"半黄脸"离开的那场战斗被称为克斯特的最后一战。

尽管士兵们运气不好，但他们的确削弱了克罗人的敌人，而"伟大成就"的族人们也因此能够高枕无忧，不必担心被人袭击。随后，克罗人得到了他们认为本来就属于自己的保留地，而曾经对白人怀有敌意的部落所得到的土地则是他们不喜欢的。

部落酋长"伟大成就"拥有了一份部落说客和商人的事业，他总是在强调，作为现代克罗族战士，教育才是首选的武器。他于1928年口述了自己的回忆录。回忆录于1932年完成。

他在回忆录中解释说，当年讲述自己的预兆时，也许部落首领就已经倾向于亲白人的政策，所以他们就用个预兆来支持自己的观点，甚至最后让他相信，他们说的就是他所看到的预兆真正的涵义。但是，这很难解释为什么他后来会用一生的时间去推行一项完全破坏了克罗族传统生活方式的政策。

也许我们应该看看他在回忆录中写下的这段话：有很多事情我们并不理解。当我们遇到这些事情的时候，最好感谢它们，然后置之不理。

当作者的母亲还是个小女孩的时候，有幸见过"伟大成就"酋长，就像在别的国家中孩子们见皇室成员一样。她记得他们在念"coup"这个词（意为"成就"）的时候，发出 P 的音，而她好奇他有多少鸡——"成就"（Coups）的发音与"笼子"（Coops）的发音近似。当看到这些孩子们（包括一位加油站白人经理的女儿）时，"伟大成就"忍不住笑了。

㉓

阿肯那顿

信奉一神论的异教法老阿肯那顿在阿顿神的光芒照耀下与其中一位妻子以及他们的三个孩子的绘画。图片来源于维基百科,吉斯·谢吉利·罗伯茨提供,经许可使用。

"一神论"——只承认一个至高无上的创世者存在而否认其他任何超自然力量的存在——被认为是亚伯拉罕于公元前1100年提出的。犹太教、基督教和伊斯兰教都可以直接追溯到亚伯拉罕的一神论，尽管还有一些与亚伯拉罕无关的一神论宗教，如锡克教。

然后，一位叫阿肯那顿的埃及法老却在公元前1350年创建了自己的一神论宗教。他的宗教在他死后就遭到遗弃——实际上，后来的法老们都会尽己所能清除人们关于他的记忆。他们做得很成功，直到150年前，考古学家们开始清理尼罗河东岸一座孤立、废弃的城市遗址，才第一次发现了阿肯那顿法老的存在。

他们发现的这座城市，称为阿玛尔那，由阿蒙霍特普四世法老于公元前1347年起建造。同时，他开始实行一种崇敬单一神祇阿吞神的宗教，并将自己的名字改为阿肯那顿，或者"取悦阿吞神"。阿吞神的形象是太阳的轨道及其照耀万物的光线，这个神很快被称为是唯一的造物主。已延续了15个世纪之久的对古老神祇的祭祀仪式则都遭到了废除。对新神灵的仪式公开举行，而人们对旧神们的祈祷则要暗地里偷偷摸摸地进行。

他对旧方式的舍弃还包括出现了更多轻松风格的肖像画，尽管这些肖像画也不比之前的陈旧、死板、模式化的风格生动多少。他和他的家庭出现在普通场景中，但是奇怪的是结合了男子和女子特征，加上鼓起的腹部和增长的面部以及头部。因为这些特征没有出现在他保存完好的木乃伊中，所以人们推测艺术家们被授命进行这样的描绘，根据这种新宗教的教义，这些特征可能代表着他们的特殊地位。（毕竟，出于安全考虑，通常法老们也许对让公众知道他们的相貌并没有什么兴趣。）

他并没有废除全部旧习俗——例如，他还是娶了他的姐妹，而且至少有两个妻子是其姐妹。

阿肯那顿的外交信件有一部分被保存在阿玛尔那城的一座建筑里。这些信件证明宗教与法老的对外政策无关。相反，反复出现的主题是其中东地区盟国异口同声地要求其提供军队援助。因为这些国家的统治者们正受到好战邻国或农民起义的危胁。（还有关于瘟疫的报告。追踪这些或许已经成为所有法老情报工作持续不断的任务。）

在阿肯那顿执政的第17个年头，他去世了——而阿吞神教几乎立刻就被废止。在经历若干纷争之后，王权落到了图坦卡顿这个男孩的手里（意为"活像阿吞神的人"），他（或是操纵他的摄政者）很快就恢复了阿蒙神教。实际上，图坦卡顿将自己的名字改成了图坦卡蒙（意为"活像阿蒙的人"，阿蒙是旧宗教里的主神）。他随后娶了自己同父异母的姐姐，放弃了阿玛尔那，将自己的主廷搬回了底比斯。任何看过图特王博物馆展品的人都会发现，他是按照旧宗教的礼仪被埋葬的。

之后的一段时间，人们将阿肯那顿的名字从纪念碑上（在废弃的阿玛尔那城外）凿掉了，将他的名字从历代法老名单中清除了出去，开始装作他从来没有存在过。经过了大约30个世纪后，这个办法的确奏效了。

或许情况并不是这样。今天，一神论宗教已经见怪不怪了。它们与阿肯那顿也没有明显联系。可是：在阿玛尔那的一座坟墓中，研究者们发现了一首题为《阿吞神的伟大赞美诗》。诗里歌颂了法老创造的美丽和秩序，将阿吞神描绘为唯一造物者和超自然的存在。学者们经常将其与《圣经·诗篇104》相比，两者有着相同的主题和大致结构，只是关于阿吞神，记录不多。也许是大卫王在大约350年前，在阿肯那顿之后，写了这首诗和其他的诗篇，因此会有些影响。

阿肯那顿对后世的影响继续体现在岩石壁画上，壁画上的人物是成为他妻子的同父异母姐姐纳费提。她的画像栩栩如生，庄严的姿态使这幅绘画成为在埃及出土的文物中最震人心魄的一件。（我们不知道王后本人是否与画像一样。）这幅画像于1912年由一位德国考古学家在阿玛尔那一座废墟中发掘出土。他将这幅图画偷偷地带出了埃及，此后多年埃及一直要求德国归还这幅壁画。

有趣的是他对家庭手工业的重视，这可能有助于解释他离经叛道的动机。很显然，他想要完成一次真正的革命。而他的动机可能是对腐败无能的旧政权的厌弃，不过，这依然不足以解释他为何会凭空创造出这样一种宗教。最简单的解释就是他对自己的信仰非常真诚以及旧政权的确已经腐败无能透顶了。

他是否得到了某种先知先觉或超前知识？也许没有。带有宗教动机的时间穿越者肯定会将自己的信仰带给阿肯那顿，因为阿吞神教早已消失，如今已无人信奉（这意味着它不是来自现代）。但是，我们也不能排除另一种可能性，即它是第二种颠覆性时空错位，也就是说，它来自于未来，因为我们不知道未来的人们信奉的是何种宗教。同样有趣的是，阿肯那顿的艺术家们将阿吞神描绘为一个发光球体，因为他们也许不知道太阳是个球体而非一个圆盘。当然，他们决定使用球体可能是个偶然。

我们的时间穿越者可能会提醒阿肯那顿小心背后有人捅他一刀，也会提醒他不要强迫所有人改变宗教信仰。但是阿肯那顿也许不需要前一个建议，而且在阿玛尔那发现的很多人依然戴着旧信仰的护身符可以作为考古学的证据暗示他接受了后一条建议。

建议他放弃近亲通婚——虽然听上去很明智，但考虑到他对埃及文明的虔诚——显然是不现实的。夏威夷王室出于相似的原因，也花费了很长时间才放弃这个习俗。

那么我们的时间穿越者一定会催促他设立一个泽及后世的榜样，并告诉那些中东的军阀们，要学会和平相处。但是阿肯那顿可能已经知道有些事情还是不要多说为妙。

24

更多的救生船

英国记者 W.T. 斯蒂德。他写了关于游轮所携带的救生艇不够全体游客使用的文章。随后,他订了皇家游轮泰坦尼克号的船票。维基百科公共领域材料。

游轮上的救生船只够 1/3 的游客使用——他们在浮冰将泰坦尼号拦腰撞断之后才意识到。船员们练习使用救生艇的时候，乘客们饶有兴趣地围观。当弃船的时刻最终来临时，他们却把登艇行动搞砸了，有的艇几乎没装几个人，而他们依然恪守着"女人和小孩优先"的原则。当他们的救生艇不够用的时候，还有大约 700 名游客被困在游轮上，这些人不得不在船沉入大西洋的时候在冰冷刺骨的海水中求生。

如果你想知道 1912 年泰坦尼克号的沉没造成了多少人丧生，上面这段描述估计就足够了——除了两个细节。第一个细节是困在船上的人数是 1500 而不是 700。第二个细节是这段说的并不是泰坦尼克号的沉没，而是一位幸存者写的名为《那艘邮轮是如何在大西洋深处沉没的》的小说的故事梗概，由记者兼社会活动家 W.T. 斯蒂德发表在 1886 年 3 月 22 日出版的《蓓尔梅尔街公报》上。

换言之，斯蒂德关于灾难的描述是在泰坦尼克沉船事件发生之前的 26 年。也就是说，人们有的是时间认识到他异于常人的洞察力不是空穴来风。在他的小说中，撞击发生后，人们出现了慌乱，但是，在真正的灾难发生的时候，受制于阶级等级的行为规则制止了恐慌的发生。不同的是，在故事中是船与船的相撞，而在真正的灾难中，却是船撞上了冰山。

1892 年，似乎意犹未尽的斯蒂德继续写了一本名叫《从旧世界去新世界》的旅行见闻录，其中有一个情节是关于一个被从与冰山相撞而沉没的船上救下的幸运儿的故事。

到了 1912 年，斯蒂德拥有了多家杂志，但是他的主要精力依然在社会活动方面。当他决定参加一个在美国进行的反战大会时，当然要购买一张去美国的游轮船票，而且还是一等舱。没有理由不选择当时服役的游轮中最新、最大，而且也是最舒服的一艘——泰坦尼克。

好吧，实际上，的确有一个理由不选泰坦尼克号——这个理由也许是斯蒂德非常熟悉的。

他一直以来是怎样想的？他真的没有考虑过这个原因？在登上游轮的时候，他没有停下来数数救生艇的数量吗？按照最初的设计，每个吊艇柱上应该挂4艘救生艇，然而当时负责救生艇的人并没有注意这个细节，结果每个吊艇柱上只挂了一艘救生艇。船上一共只有20艘救生艇，只够装载1178名乘客，这个数字是游轮全部乘客数量的1/3。小说中，船上乘客共有916名，所带的8艘救生艇只够搭载390名乘客。

在经停法国和爱尔兰之后，泰坦尼克号驶入大西洋，船上有2240名乘客。斯蒂德在船停法国的时候，给自己的商业合作伙伴寄出了一张明信片。这是我们所知的关于斯蒂德做的最后一件事情。各种理由表明，在撞击发生后，他回到房间，写东西，喝茶。与此同时，船员们笨拙地将那几艘救生艇放下来，就像在他的故事中写的那样。

斯蒂德是怎样度过自己最后时光的呢？他有没有想过这么荒诞的情景？如果他有心情回想一下自己的生活和工作，几十年前，一个关于痛斥航海安全的短篇小说，也许不会出现在他的脑海中。实际上，对他来说，这也许是被他遗忘的诸多事情中的一件——对他而言真是一个致命的讽刺。但是我们几乎没有证据显示，他当时这么想过。

后来有幸存者回忆说他走到船尾倾斜的甲板上，要求乐队（乐队成员之一是故人之子）演奏一首在国葬上演奏的圣歌《我距我主更近》。麦金利总统在1901年临终之时，嘴里就哼着这首圣歌。对于现代人来说，在一个极端危险，甚至是生死一线的时刻演奏一首葬礼圣歌显得如此奇怪。但是生活在维多利亚时代的人坚信"优雅赴死"的理念，也就是说当他们发现死亡不可避免的时候，他们会做一些对其灵魂而言无比重要、无比优雅的事来从容迎接死亡的到来。也许演奏这首圣歌，就是他的灵魂标志。

可是，如果他真的回忆起过去的话，他会想到很多事情。威廉·托马斯·斯蒂德算得上是调查新闻的奠基性人物，也是新闻采访故事的行者之一。1883 年，他成为《蓓尔梅尔街公报》的编辑，这是一份伦敦的晚报。在没有互联网的时代，晨报主攻新闻、娱乐和各种花边新闻，而晚报——有时候意味着创造新闻而不是报道。斯蒂德也是如此。不过，他不赞同维多利亚时代盛行的人们对于涉及性的新闻保持沉默的惯例，因为他知道这将会让施虐者逍遥法外。

1885 年，斯蒂德由于厌倦议院迟迟不能通过将工人的最低从业年龄从 13 岁提高到 16 岁及打击儿童卖淫行为的法案，愤而在他的报纸上刊发一系列骇人听闻的新闻报道，上面充满了第一人称讲述的关于参加救世军的故事。名为《现代巴比伦少女的献祭》的连载揭开了儿童卖淫这一地下世界的盖子，并将阻挠立法者的名字公之于众，暗示其幕后另有隐情。文中所说的"少女的献祭"指的并不是我们现在所说的表示神圣与尊敬的意思，而是指"将少女们当作牺牲品献给外国势力"。女孩们最终出现在欧洲的"忘忧宫"或妓院，连载这样报道说。

很多报摊上都找不到这份报纸，人们将能够买到这份报纸的地方挤得水泄不通。

议院迅速做出让步，而斯蒂德也发现自己得罪了不少权贵。这份连载讲述了某人以 5 英镑的价格从一个母亲那里购买了她 13 岁的女儿，女孩被服用了少量麻醉剂，带到一所妓院，交给在付账的客户。这位"客户"原来就是斯蒂德本人，为了完成相关的调查及这一连载，他通过中介机构做了这一交易。在女孩清醒并开始尖叫时，他离开了房间，没有碰她。（顺带提一句，这种地方的墙体中有填充物，可以阻隔女孩子的尖叫声。）官方表示，她被从家里带走时，没有征得父亲的同意，由此以诱拐罪将斯蒂德投入监狱。在狱中，他发现非常宁静，编辑工作不会受到干扰。斯蒂德将监狱的牢服留作纪念，尽管他在监狱的时候绝对不屑于穿它。

他也因此出名，1890 年，斯蒂德又开办了一份花边新闻杂志，名为《评中评》，并逐步建立起自己小小的出版帝国，包括这份杂志非常成功的美国版，这份杂志一直办到1936年。他还涉足唯灵论、反战行动并推广世界语，这是一种"人造"的语言（现在依然被人们使用），目的是便于不同国家的人交流之用。他聘请女性担任专业职务，还向她们支付同男性一样的薪酬。他平等地对待男性雇员和女性雇员。

在他生活的年代，多数将欧洲卷入其中的战争都是帝国的殖民战争，而不是大国之间灾难性的碰撞，所以在英格兰，他的反战立场有时候会与公众的观点相左。在布尔战争期间，他公开宣称支持布尔人，他的杂志也因此损失惨重。情况从1912年起开始稳定下来，而他在登上泰坦尼克号赴芝加哥参加反战大会的时候，希望与塔夫脱总统会面。

所以，在海水不断上升而乐队还在演奏的时候，他更有可能想的是他的事业和理想——他为之入狱并为此创办报纸的理想，而不是所谓的终极讽刺：他曾间接预言了泰坦尼克号的灾难——100年后人们知道的是这个，而非他为之奋斗的理想和成就。

当营救船到达纽约时，同时抵达的还有多份报纸杂志编辑们的约稿函，希望斯蒂德以第一人称描述一下这场灾难，并提出愿意支付最高稿费。他们没有得到回复。但是你一定想知道，如果他能够逃过此劫，他是否愿意回应这次约稿。

毕竟，他已经写了那个故事，而且亲身体验了那个故事。

25

漫画家猜对了

阿尔伯特·罗比达，法国漫画家。他预言了很多事情，包括视频会议、航空旅行和女性解放。维基百科公共领域材料。

你一定听说过法国 19 世纪的科幻小说家儒勒·凡尔纳（在本书第 29 篇中也有介绍）。他故事中的人物们有许多惊人的发明创造，对这些发明创造的描述精细到每一个细节和独特之处，往往令读者叹为观止，大受教育。故事情节本身有时往往显得不那么重要了。他描述或预言的许多东西后来都被证明是惊人的正确。当然，如果说还有不足的话，那就是他没有在作品中配上插图。

凡尔纳的光芒让人们几乎忘了一个与他生活在同一时代、羞涩、近视却又惊人多产的叫阿尔伯特·罗比达（1848～1926 年）的人。在罗比达附有插图的叙述中充满了各种惊人的发明，并且还有足够符合科学的解释，让读者确信它们不是魔术，而是可以实现的东西。当然，大多数为现代科技所包围的现代人会自然而然相信这些不是魔术。他所描绘的故事即便去掉其中的发明创造也能成文，因为它们谈的主要是社会问题。与其说他在向读者展示未来科技，不如说他在试图讲一个个有趣的故事（常常蕴含着淡淡的社会讽刺）。但是对于他的预言——好吧，现代的读者通常只需要进行些许修改，将某些名字改一下，罗比达的世界就可以与现在接上轨了。

他的首部未来主义作品可能是《20 世纪》，这本装订精美、配有大量插图的书出版于 1882 年的圣诞季。人们认为，其中包括了他在开办杂志、画漫画和绘制商业插图的同时耗费 11 年收集的材料和想法。也就是说，这些让他困扰的材料，是在经历了 1870～1871 年普法战争后期，在政府对巴黎公社进行了为期两个月的血腥镇压之后侥幸生还收集的。当时他被困在巴黎，这个城市正被普鲁士军队围困。在革命横扫城市时，由于个人交际广泛，他在反对派政府中担任一个行政职务。最后，普鲁士军队撤离，法国军队经过艰苦的血战镇压了起义重新占领巴黎。几千名公社成员被集体枪决。罗比达从燃着大火的广场安然逃出，他失魂落魄的样子被士兵们当作了路人，得以捡回一条性命。

他的这部作品关注的是1952年秋天刚刚毕业的大学生海琳·科勒布里所面对的困境。作为一个孤儿，主人公由一个远方富有的叔叔负责监护，叔叔要求她必须选择一项职业并谋求一份工作。这对很多年轻男性来说，就意味着要搬出去自己住。但她是个年轻女孩。不过，她回答说自己还没有制订任何职业计划，觉得没有感兴趣的职业，希望——她还没说完，叔叔就打断了她的话，提醒说，现在所有职业都已经对女性开放，暗示她需要依靠自己，而不是找一个能够供养她的丈夫。

于是，她只好离开家门并尝试着一个又一个职业。没错，这些职业都向女性开放——可笑之处在于女性的出现并没有产生任何改变。不管是男是女，每个人都在急切地争取自己的工作。女性享受不到任何照顾。所谓女权主义及人们对女权主义的恐惧完全是无稽之谈。她尝试过各种工作，包括法律（结果并不令人愉快），政治（培训既枯燥又有很多要求），新闻（各种决斗或求婚新闻）以及金融（需要太多的数学知识）。

在故事中，她身边充斥着各种先进技术产品——不能说成"她身边充斥着各种先进科技产品"，因为她对这些产品背后的科学知之甚少。基本上，罗比达津津乐道的是这些东西的功用，而非其科学原理。但是这些科幻式的产品构建出一个真实可信的未来社会。（他在书中提到某些用电驱动新奇的东西。）

对于生活在现代社会的人来说，他最具有说服力的产品可能就是远程通信了——他作品中的主人公生活在一个沟通的网络中，来自世界各地的信息影响着他们的生活。他想象的世界中有两种网络，一种是几乎无处不在的电话，还有一种是稍显少见的视频电话。他描述的电话功能和现在的电话功能差不多，而视频电话则拥有通话、视频双重功能，可以通过拨号与任何人进行影音联系。这种装置可以用来购物，也可以进行私人远程交流。也就是说，除了名字不同以外，完全就是网络视频会议的概念。如果再加上数据访问功能的话，那完全可称之为互联网。

在处于单纯接收模式下，视频电话可以放映突发事件，那么，它除了名字不同，其功能与平板电视完全一样。

他提到了与现在航空器飞行速度相当的航空旅行。但是，从他的插图来看，那不过是一架软式小型飞机，无法以那种速度飞行（而且对于其标称的载重量来说，体积也太小）。铁路已经被更快的充气管道取代，甚至在英吉利海峡也有这样的海底管道。在当地旅行，可以使用不那么具有说服力的飞行出租车，他有时会称其为直升机，却没有翅膀或者任何形式的旋翼。显然，它们像《星球大战》里的航空器一样悬浮在空中。

在小说中，北美已经被中国和德国两大帝国瓜分——除了摩门共和国作为缓冲国，摩门共和国殖民了英国，而英国政府只能跑到了印度。他为法国设定的命运是让这个国家每10年就经历一次为期3个月的、经过精心设计且宪法授权的革命。每场革命都声势浩大，一方建起街垒，另一方则会以雷霆之势发动猛攻。不过，由于经过精心筹划，这些革命基本上不会变为流血冲突，而多数公民将其视为度假的良机。（显然，他让这个国家重演了一遍第一共和国的经历，并将其变成了一部荒诞剧。）

这本书中还有许多其他预言，罗比达也许觉得它们也很愚蠢——但是我们可笑不出来：

- 一系列具有毁灭性的战争，于1910年爆发。他的预言提早了4年。
- 1920年，俄罗斯被毁灭了（沉入大海），原因是革命分子使用了大规模杀伤性武器。这样的说法要比说俄罗斯经历了大革命、斯大林大清洗、纳粹入侵加种族灭绝简练得多。
- 矫正制度中的惩罚包括（严重程度从低到高）关禁闭、强制休息，或待在指定的休息室内且不给违反规定者提供饭后甜点。如今，政治家们倾向于采取更严厉的惩罚措施。
- 钢琴是用来折磨人的工具，而且没人再弹了。如今，审讯中的确会

- 使用高分贝的音乐来迫使受审讯者就范。
- 加工食品通过管道输送到住家。今天我们需要开车到零售店才能得到。
- 衣裙的长度变短了，因为职业女性不愿再受长裙的束缚。如今情况是，女性的衣裙有长有短。专家们才知道为什么这样。
- 记录各种已经消失的娱乐项目的影像可以在特别场合下播放。现今的情况则是经典电影随处可得。
- 可以给风月场所打视频电话，年轻的女士不宜观看。装有线电视了么？
- 电器的使用极大降低了人们对仆人的需要。没错，如今是这样的。
- 国家宣布破产。这的确发生过。
- 意大利变成了一个巨大的主题公园。今天的欧洲迪斯尼乐园可没有那么大。
- 如果干其他的不行，人们就会建议他从政。事实胜于雄辩。
- 很多恋爱关系借助电话建立起来。你可以称之为远程求爱。
- 助听器材几乎小到看不见。我们已经有了这种产品。
- 电话装置普及，你可以在任何地方打电话。手机实现了同样的功能。
- 广告到处都是，包括在艺术作品中的植入式广告。我们当然也有。
- 戏剧表演可以以多种语言同时进行。DVD 上的电影经常有多种语言可供选择。
- 多数年轻的女士都很漂亮，穿着时尚，都有沙漏一样的体型。谁会有不同的看法？

总体看来，罗比达太过超前。他所描述的远程通讯网络到 2002 年左右才实现，而不是在 1952 年，他的空中出租运输工具到现在也还是空中楼阁。（当然，今天更普通的有轮交通工具也能够达到相同的效果。）不过，如果他真的拥有关于未来的先知，他也许会提到电磁波和抗生素，因为这些发现对他笔下的角色所处的情况会有所帮助。

他还应该预见到 1914 年所发生的可怕战争，然而这超出了他的预言能力。不过他亲眼目睹了，他的 7 个孩子也看到了，其中一个在前线阵亡，两个负伤而留下残疾。1925 年，他在一次采访中，说到自己对于现代生活躁动不安的节奏是多么的痛恨——他已经预言过这种节奏的出现。一年后，他生病，很快就去世了。

罗比达喜欢 19 世纪显然要多于 20 世纪——哪怕从某种意义上讲，是他创造的 20 世纪。

26

电脑时代到来之前的程序员

艾达·拜伦·金，拉夫罗斯伯爵夫人，虽然生活在第一台可编程计算机出现之前的一个世纪，她依然是世界上第一位程序员。维基百科公共领域材料。

她的芳名是艾达·奥古斯塔·金（娘家姓拜伦），是至高无上的拉夫罗斯伯爵夫人。她很年轻、貌美，在数学方面具有非凡的造诣——人们称她为"数字女巫"。1843年，她发表了目前已知的世界上第一篇计算机程序方面的文章。

没错，时间是1843年。

也就是说，在出现可编程计算机之前的一个世纪，她就编写程序了。这并不是她的错——她其实是为了一项即将实现的发明而进行规划。

我们解释一下：从艾达（1815~1852年）的童年开始，她的母亲就教她高等数学。在那个年代，对于一位英国年轻的贵族小姐来说是很不寻常的，但是数学似乎是她贵族母亲的业余爱好——她母亲还想将其他各种兴趣逐渐向这个女孩灌输。她父亲的行为则完全相反，因为艾达的父亲是著名诗人拜伦，浪漫主义文学巨匠。你在学校里读过的很多印象深刻的诗，例如《伊人倩影》、《柴尔德·哈罗德的朝圣之旅》，都是他的作品。他在上议院中所做的众多演讲稿没有被收入课本——其后还有更多作品问世。

拜伦色彩纷呈、疯狂混乱而又不专一的感情生活对于传记作家来说真是挑战，特别是在还需要使用委婉用语方面。拜伦夫人所受到的挑战尤甚，她曾经在艾达只有一个月大的时候将拜伦赶出家门。他很快就出海探险，可惜再也没有回来。他去世的时候，艾达只有9岁。

可能得益于遗传，艾达喜欢数学，并显示出特有的才能。在她十几岁的时候，就被送到伦敦"出庭"（庭的意思是贵族和王室成员的社交圈，而不是进行辩护和诉讼的地方），意思是要在上流社会的聚会中出现，以寻得一位如意郎君。在此期间她继续接受着数学辅导。同时，为了避免被追问，她很小心地回避与一位年龄、品貌与她相当的年轻女士参加同一个上流社会的聚会。艾达的父亲还和自己已婚的同父异母姐姐生了一个女儿——这也算是在介绍拜伦勋爵时，需要避讳的一个插曲吧。

1833 年，艾达 17 岁，她参加了一次聚会。在聚会上，查尔斯·巴贝奇说到了自己的项目，分析机。在本书第 7 篇（蒸汽时代的计算机革命）中已经提到，巴贝奇努力想用机械制造出一种不会出现错误的数学表格。这种表格对于航运仪器非常重要，而可靠的航运对于英国的远洋经济和海军更是至关重要的。因此，巴贝奇能够得到一些政府的资助，但是在 1833 年，项目明显地止步不前了。

巴贝奇很快向她介绍了分析机的工作组建情况，并开始谈论自己的下一个项目，这个项目与被称为分析机的扩展项目有关。这种机器拥有储存和写在打孔卡片上的执行编程指令，也可以使用写在打孔卡片上的数据，其结果被机器打印在纸上。指令会包括循环、分支和各种条件分支。我们可以称其为计算机，虽然它的功能完全是机械运转，并且比一个世纪之后的，它的电子后辈们慢上很多。

我们也可以称之为"蠕行特性"的产品，因为它的创造者们放弃了这个没有完成的项目，将精力投入到版本升级的项目中，而新的项目也没有完成。当然，这不能怪艾达，因为这是人类第一个信息技术研发项目，人们对于它的认知和管理还很初步。

重点在于，自从她第一次接触该项目起，她就为之深深着迷，并在此后一直参与其中。第二年，她嫁给了未来的拉夫罗斯男爵。到了 1839 年，他们有了 3 个孩子。这让她本已虚弱的身体变得更加虚弱。

1840 年，巴贝奇在意大利的都灵举行了他唯一一次分析机海外展示。当地的一位数学教授费德里克·门纳布里亚（1809～1896 年）做了笔记，并将其整理，用法语在一份瑞士杂志上发表。他随后参政，并于 1867～1869 年成为意大利的总理。但他没有将任何信息技术研发项目引进意大利。

巴贝奇请艾达（当时已经成为伯爵夫人）翻译这篇文章。她翻译了，但是加了从 A 到 G 的 7 条注解，达 19200 字，大约是原文的两倍长（原文有 8100 字左右）。这篇文章发表在一份名叫《科学记忆》的期刊上。这份期刊从国外的科学社团和大学那里翻印文章，它是第一份刊登关于计算机科学文章的科学出版物。

这又超前了一个世纪。

在这 7 条注解中，最受关注的是第 7 条（G），因为它相当详细地指出机器计算伯努利常数的运行过程。这些特殊的数学片段可以用来计算连续整数幂，在计算数学用表中也用处颇多。它们还出现在数论和拓扑学领域。这个过程涉及很多重复性的简单计算，在这里正好可以让分析机大显身手。

由于是用一些形式化的软件语言代码编写语句，这些程序并不能算是像 Fortran 或者 C 语言那样的计算机程序。这种语言直到 20 世纪 50 年代才出现。相反，艾达的"程序"是逐步讲述需要解决的问题，但是非常详细、明了，足以用计算机语言立刻重新编写。

基本上这是一个巨型循环。为了计算伯努利常数，每次运行机器都会需要执行这个循环，这样才可以回到初始阶段计算下一个伯努利常数，产生出尽可能多的相同指令的应用。这一描述足够详尽，后世的评论员能够指出艾达忽视了计算变量并且为另一个变数定错性质——这可是第一个软件漏洞！

这篇文章强调说，机器可以进行任何具有复杂性的计算。她还指出，只要将音乐作曲的规范和方法输入该机器，它甚至有可能创作出乐曲。

艾达还花费了一点笔墨解释了机器为什么不会思考。分析机可以按照编好的步骤进行分析工作，但它无法在分析时作出预测。在计算机革命方兴未艾之时，曾有很多专著专门探讨过计算机为什么不会思考这一问题，不过，对于在计算机和电脑游戏陪伴下成长起来的一代人来说，这个问题显然是不言自明、没什么好奇怪的。

巴贝奇再也没有获得资金支持，除了几个检测部件，分析机也未能造成。在他去世后很久，人们才参照他经过简化的分析机制造出后来的版本，这些机器如他所说的那样进行工作。

至于艾达,她的健康状况在文章发表后开始恶化,于1852年去世,死因可能是我们现在所说的子宫癌。

她的名字被用来命名一种编程语言。五角大楼1983年将这种编程语言命名为艾达,并开始使用。因为艾达具有高度的组织性,使用这种语言的目的是为了取代美国军方使用的名为巴别塔的编程语言。这意味着,你无法用艾达草率地编写过于"稠密"以至于无法进行调试的面条式代码,即使你想这样做。在1997年人们发明出廉价现成、不受软件语言限制的商用组件前,这种语言在军方被普遍使用。艾达现在还在使用,毕竟——军方喜欢这结构。

最后,艾达这种软件语言也许并没有让任何人失去工作,这也许会让拜伦勋爵含笑九泉。他在上议院做的演讲都是支持内德·卢德的追随者的,他们在英国工业城市举行暴乱活动,抗议引入自动化织布机。这些织布机采用打孔卡片,织出花纹复杂的织物,使得大批熟练织工失业。

当艾达的愿望在她去世大约一个世纪后终于变成现实,新型分析机也是使用打孔卡片,而那些反对自动化的人,被称为卢德派。严肃的科学家们还会引用艾达的文章。事情似乎又恢复正常了——除了一些新出现的复古拜伦风格的叙事诗,这些抑扬格五音步的诗篇终止了后现代口头语言的混乱。

我们还在等待。

㉗

不是在加利福尼亚

数点 2200 是一台 1970 年出产的台式计算机，此后的所有 X86 计算机都是它的"直系子孙"。这台计算机出现在微处理器革命之前，而且也不是出现在加利福尼亚州，它曾经被历史所忽视。公共领域图片，由奥斯汀·罗氏提供。

兜兜转转，从 20 世纪 60 年代到 20 世纪 90 年代后期，这些问题像气泡一样突然浮出水面，人们时不时在电话交谈中问到这些，电脑终端公司（即后来的数点公司）的执行官们，也许会不断被问到："圣安东尼奥在加利福尼亚州哪里？""附近有机场吗？""附近有什么大城市吗？"

1968 年，在公司开始运转之后不久，它的共同创始人给一位供货商打电话的时候，这些的的确确发生了，而且此后还有不少人问过上述问题。打电话的人不可思议地发现，他们在与一个尖端计算机公司通电话，而公司却位于让人死气沉沉、被人遗忘、还保持着半殖民地时代风貌的德克萨斯州圣安东尼奥。

与此同时，加利福尼亚州的硅谷正逐渐开启计算机革命的大门：1971 年，英特尔研制了第一个微处理器芯片，4004 神话；史蒂夫·乔布斯 1977 年推出第一款大规模生产的微处理器电脑——苹果 II。

始于硅谷的计算机革命传奇听起来很不错，尤其是缔造传奇者英特尔和乔布斯等都是我们耳熟能详的巨人。但事实并非如此。这场革命始于死气沉沉的德克萨斯州圣安东尼奥。（顺便提一句，这里的确有一个很大的飞机场。）数点公司引发了微处理器革命。这家公司本有望成为这场新兴产业革命（事实上也是社会革命）的主要参与者。然后却突然倒闭，只留下加利福尼亚人继续他们毫无竞争对手的造神运动。

他们是先驱和标新立异者，就像圣东尼奥早期的定居者和投资人萨姆·马福瑞克一样（1803 ~ 1870 年），事实上马福瑞克人如其名（Maverick 表示特立独行的人——注者注）。他的一些后代显然是美国最早的投资人之一，虽然 这些后代的名字从未被公开过。但是先行者有时往往也是最先中箭倒地的人。

生活和事业

数点公司的传奇始于1967年（史蒂夫·乔布斯当时还在上中学），两位NASA的工程师菲尔·雷（1935~1987年）和加斯·罗切（1929~1975年）发现自己正面临被解雇的危险，因为该机构的相关太空项目即将完成。他俩于是决定干脆自己创办电子公司，并将目光瞄向了最新一代电子芯片。当时芯片的价格在不断下降但功率却在不断提高，他俩认为可以用其制造某种电子设备。几经周转，一位朋友帮助他们在圣安东尼奥筹集到了一笔资金，并约定新公司应设在该地。1968年6月，两人以计算机终端公司（CTC）的名义申请注册了公司，并于1969年8月向市场推出了第一款产品。

这款产品被人们称为"玻璃电传打字机"，是一款电子兼容插头打字产品，性能优于当时被广泛用作电脑终端的机械电传打字机（或电传打印机），后者不仅噪音很大，也很容易出故障。我们可以把这种电脑终端称为"哑巴显像管"，因为其智能程度还比较低。公司最终将这款产品命名为"数点3300"，因为他们认为其比当时常见的"33型电传打字机"好100倍。

在这款产品上市之前，他们就已开始研发生产后续的产品，这表明"数点3300"只算是他们小试牛刀。他们真正的目的是制造出一种台式电脑，即他们所称的"数点2200"。按照他们的设想，这款产品的大小将与IBM公司的"电动打印机"相仿，适用于办公室环境（不过，也与后者一样，会让办公桌显得非常拥挤）。数点公司聘请了工程师维克·普尔，他与几位同事一起在1969年的感恩节期间为这款产品设计了可拆分的功能组件。

几周后，在圣诞节期间，普尔访问了一家同样创立不久的芯片制造商——位于加利福尼亚的英特尔公司（比CTC公司创立晚两周）。CTC公司的"数点3300"大量使用了英特尔生产的芯片（是速度较慢的移位寄存器，而非后来速度更快的RAM芯片）。普尔此行是为了考察芯片的序列情况。他在考察中发现，如果使用原有芯片，那么CTC公司的新产品"数点2200"内部将会非常拥挤，所以，他向英特尔公司的工程师斯坦·马萨提出是否能制造一种集成多种处理器功能的定制芯片。后来，对于到底是谁首先提出多功能集成芯片理念的，两人各执一词，不过，当时英特尔公司很快就同意研发制造 CTC 这个项目所需的新集成芯片。将所有处理器功能都集成在一个芯片上，可以节省整块电路板。1970 年 3 月，英特尔开始研发这一芯片（该公司内部称其为"1201"）。由于不知道英特尔相关研发过程需要多长时间，因此 CTC 明智地决定继续用原有的处理器生产"数点 2200"。

英特尔对"1201"芯片的研发进程到该年夏天时被迫中止，因为 CTC 开始拒绝支付相关费用。事实上，自公司创立以来，CTC 就一直面临着一场又一场的财务危机。在计算机产业圈内，强大的 IBM 公司设立了某种"规范"，即只出租、而不销售硬件，这样其他所有公司也不得不被迫跟进。结果就是，硬件产品的利润只能通过出租的方式在三年左右的时间内一点点回流到公司，这对于资金充裕的 IBM 来说没有什么，然而对于中小公司而言就是一场灾难。

尽管面临重重困难，但 CTC 还是设法在 1970 年 11 月推出了"数点 2200"。其程序以 8 位（bit）运行，但内部则是 1 位（bit）数据通路，速度达到 125000 次／秒（如今的台式机是 64 位，最快运算速度高达 40 亿次／秒）。该机内存为 8000 字节（现在最小的也有 40 亿字节的存储量）。其大容量存储器由两个磁带盒大小的盘构成，每个有 130000 字节（今天，万亿字节的台式机硬盘满大街都是）。从外表上看，它与现代电脑最大的不同是屏幕，其屏幕只能显示文本，且只有 12 行，当然，这对于当年那些用惯了打字机的办公室文员来说已很不错。

第一次为客户进行的组装是 1971 年 4 月 7 日，在明尼阿波利斯市的皮尔斯伯里公司总部进行。虽然 CTC 的工程师们以为买家会对"数点 2200"的相关终端程序和其他与固定程序相关的各种任务包感兴趣，但用户们显然将该产品视为一种廉价、通用型的计算机，并且往往是自己编写程序。

就在同一时期，我们回过头来看看英特尔公司。一位日本客户对"1201"芯片表示出浓厚的兴趣，该芯片的研发工作也得以于 1971 年初重新启动。

CTC 似乎早把英特尔的这款芯片抛在了脑后，并在推出"数点 2200"

后迅速开始了"数点2200 Ⅱ"型电脑的研发工作，按照设计，这款新电脑可以支持一个硬盘驱动器和16000字节的存储器。有意思的是，1971年6月，德州仪器公司宣布其已为"数点2200"电脑研发出一种单芯片处理器，并暗示说该芯片将用于"数点2200 Ⅱ"上。然而，当该公司将第一批样品交付给CTC后，CTC的工程师却发现它无法正常工作。德州仪器公司随后放弃了整个项目并解散了负责制造这一芯片的部门，由此也扼杀了自己成为微型计算机革命奠基者的可能。

CTC随后的应对措施错得更加离谱，在1971年秋，英特尔最终向其提供了"1201"芯片的样品。该芯片近似于最初的"数点2200"处理器，不过是真正的8位数据通路。然而，此时CTC正忙于研发性能更强的"数点2200 Ⅱ"电脑，对于这种老版本的芯片不感兴趣。最终双方签订了一份协议：CTC不用支付相关研发费用，而英特尔公司则拥有这款芯片的完全支配权和相关知识产权。

研究计算机史、尤其是硅谷发展史的历史学家们往往更关注随后发生的事：1971年11月15日，英特尔公司推出了划时代的"4004"处理器芯片。历史学家们将其誉为人类史上第一款电脑芯片。实际上，它仅有640字节的存储量和4位的数据通路，且无法用于制造计算机，也从来没有用在计算机身上。（1969年圣诞假期期间，普尔访问英特尔公司时，该公司曾向其推销过这款芯片，但普尔拒绝了。）"4004"是英特尔应上述那位日本商人的要求而研发的，这位商人想用这款芯片制造科学计算器，通过使用一种自带存储程序的处理器，他们可以将芯片的数量从12个削减到4个。这个项目在1969年9月才开始启动，而到1970年4月初，当这家日本公司的一位工程师拜访英特尔时，这个项目还几乎是一片空白，原因是缺少芯片设计师。这位工程师的到来使该项目的研发进程开始加快，与此同时，数点公司的相关研发项目却已进行了一段时间了。如果不是因为它将该项目冷冻了6个月之久，也许数点公司会成为第一个推出带此类芯片计算机的厂家。

拖延已久的数点公司处理器芯片终于在1972年4月提上了英特尔公

145

司的日程。芯片被重新命名为"8008"，因为其数据通路是之前"4004"的两倍。一些历史学家认为前者是后者的扩展版本，不过，如前文所述，这两种芯片没有任何相似之处。

"8008"良好的销售情况推动该公司进一步研发更好的芯片，下一代的"8080"芯片（比前一代快10倍，并使用了64000字节的RAM）于1974年4月问世。正是这款芯片，加上此后六个月其他公司研发出来的芯片，最终掀起了计算机革命的浪潮。

1981年，IBM电脑问世，开始将其他竞争对手远远地甩在身后。这款电脑采用的是"8088"芯片，这种芯片算是"8086"型的简化版，而"8086"正是"8080"的升级版。廉价电脑开始席卷整个市场。随着新一代处理器芯片的不断涌现，电脑变得越来越便宜，而功能却愈发强大。如今，采用这些芯片的计算机被统称为X86电脑，在现代办公室中已无处不在——甚至如今的苹果电脑使用的也是X86处理器。

这意味着任何你能叫得出名字的台式电脑都是最初"数点2200"的直系后裔。

具有讽刺意义的是，CTC公司（1972年晚些时候改名为"数点公司"）不仅没有因自己的创新而获得任何利润，反而被它给毁了。由于1971年CTC和英特尔签订了上述那个分割协议，因而前者没能从他们所创造的科技中获得任何利润分成。与此同时，新电脑的价格只有此前台式计算设备（包括数点公司的产品）价格的三分之一。更糟糕的是，1982年的一起账目丑闻令数点公司的股价暴跌，直接导致公司被华尔街的一位投机商购走，此人宣称他觉得经营一家计算机公司应该很有趣。

他错了，数点公司再也没能起死回生。虽然它一直设法苟延残喘到2000年，但最终还是难逃倒闭的厄运。

文章开头那些令人困惑的问题再也没被人问起，也没人能够挑战硅谷创造的神话。"数点2200"比广为人知的计算机革命"爆发"时间（1977年）早了7年，但后者已载入史册，而前者则鲜被人提及。

Out of Place in Time and Space

图书、电影和计算机

任何想写关于未来事情的人,都有可能遭遇以下四种情景:

1. 你是正确的,但是你的预言最初被人们当作怪谈或毫无意义的事情不予理睬,仅认为它们有一点娱乐价值,直到某天,当一些彼此毫无联系的情况突然一起出现,你的预言会被证明是正确的。然后,会有人津津乐道地谈起你卓越的预见能力。你甚至会出现在像这样的一本书中。然后你的预言又会被人们忘到一边,就像什么都没有发生过 样。

2. 人们希望你是对的,并赋予你每一句话以大量的含意。当然,你错了,你会击碎追随者们的希望,而你甚至连他们的存在都不知道。不过,他们如此"迷信"你意味着你说出了他们想要的,这也是预言的强大之处。

3. 人们希望你是正确的,也会投入大量精力实现你的预言,在这一过程中他们会毁掉很多东西,留下一片狼藉。你的跟随者绝不会想到:你只是在预测或描绘未来,而非创造或指定未来,你的预言并非如他们以为的那么准确。

4. 你的预言完全是错误的,你预言的一件也没发生。但未来可以始终是未来,所以,如果你的预言很精彩并能引发人们无尽的想象,那么人们会一直津津乐道这些预言——或直到新的预言引发下一波热议为止。如果预言是与道德、政治、金融、文化、气候或者生态学有关的天启,以及/或者抱怨"今天的孩子都怎么了",这种情况表现得尤其明显。

本章将会以多个实例来分别说明以上四种情景,包括第一种情景的几个例子(它们似乎长期不受人关注)、第二种情景的一个例子,以及第一、第二种情景交织的一个例子。

至于第三种情景,人类历史上出现过太多这类例子,而且其中不乏狂热的参与者和宣扬者,此外它们往往缺乏娱乐价值,因此本书不再赘言。对于第四种情景,每年都会出现大量的相关实例,预言某某事物——几乎无所不包,上至宇宙下至出版业本身——将遭遇毁灭命运等等。这种预言不断重复出现,确实没有什么好说的。

讲到这里,大家应该很清楚本章要讲什么了。事实上,有很多书籍或电影成功地（或多或少）预测到了未来。从理性和现实的角度看，这根本不可能，然而它们确实做到了。它们究竟是怎么做到的？

要想知道这个问题，你可能需要学会预测下一章会要讲什么。好吧，请继续读下去。

28

珍珠港

日本偷袭珍珠港后的景象,这次袭击导致了太平洋战争的爆发。这次战争的一些细节在它之前16年出版的书中就有详细预言,虽然作者所述并不完全准确——例如,他假设,展开的奇袭会攻击巴拿马运河。维基百科公共领域材料。

任何一部关于1941～1945年太平洋战争的书都必然会提到这场战争中的奇袭行动,如日军占领关岛和菲律宾,日军的自杀式攻击,美军"蛙跳"战役,对菲律宾和关岛的重新占领,偷袭商船,猛烈的地面行动,以及对日本本土的空袭(导致了这个岛国的溃败)。

赫克特·C.拜沃特所著《伟大的太平洋战争》对这些都有介绍。问题是,这本书出版于1925年,即日军偷袭珍珠港的16年前。

拜沃特是一位英国海军的随军作家,他也为一些美国报纸写文章,同时还为英国的情报部门工作。他的书预见了日军会迅速占领西太平洋,但却未能抵挡住美军有条不紊的反击。日本的科技可以匹敌美国,而日本的作战人员实际上受到更好的训练,只是美国人能够更好地获得并运用各种资源。

但是,拜沃特的战争发生于1931~1933年,而不是1941~1945年。这场战争也不是一场世界大战的一部分,而是源于中国和日本之间的一场贸易纠纷,双方都没有自己的同盟。战争发生在中国东北地区等,但不包括东亚其他地区。该书与真实历史的其他不同之处还有:

- 在书中,战争的导火索是一起对巴拿马运河进行的自杀式货船炸弹袭击,它导致该航道被迫关闭6个月之久。——而在现实中,太平洋战争始于臭名昭著的偷袭珍珠港。不过,尽管遭遇了重大损失,但该基地依然能够继续运转。
- 在书中,日军经过两次强攻才拿下关岛,日军的第一次进攻遭遇猛烈还击,死伤惨重。——在现实中,日军第一次突袭就拿下了关岛,而符合书中描述的应该是复活节岛,该岛上的小小要塞击退了日军首波登岛作战部队，但该岛最终在日军的第二次强袭下沦陷。

- 在书中，美国人攻击了日本小笠原群岛中的父岛，目标是占领该岛的港口。——在现实中，美军攻占了硫磺岛（父岛以南，两岛相距甚远），目标是该岛上的飞机场。
- 在书中，美军对小笠原群岛发动的攻击属于战争初期"迅速还击"战略的一部分，并且未能成功。——而在现实中，美军对该群岛的攻击发生在太平洋战争的后期，属于"蛙跳"登岛战略的一部分，非常成功，虽然损失惨重。
- 在书中，小笠原群岛之战失败后，美军对从卡罗林群岛到马绍尔群岛之间的多个岛屿发动了一系列"蛙跳"战役。——在真实战争中，美军的确采取了"蛙跳"战略，可能制定这一战略的人也读过这本书，只不过他们确定了另一条攻击路线。
- 在书中，日本人侦查过风暴肆虐的阿留申群岛，但最终放弃了入侵计划。——在现实中，日本人也应如书中这样做才对。
- 在书中，美军占领了特鲁克泻湖。——在真实世界中，日本在那儿建有很大的海军基地，美军没有占领。
- 在书中，美军不费吹灰之力就占领了帕劳的安加尔岛，以夺取该岛的港口。——在现实中，双方在此地发生过血战，尤其是在附近的帕里硫，美军是为了占领该岛上的机场。
- 在书中，日军舰队在关键的雅浦岛海战中遭受重创。——在真实历史中，日本海军是在距此地以东1000英里的菲律宾海海战中遭受重创的。
- 在书中，毒气弹被广泛使用，甚至用于攻击船只和飞机。——在现实中，双方虽都配有毒气弹，但并没有发挥实际作用。
- 在书中，双方都有航母，但舰载机过小，无法携带具有毁灭性攻击效果的炸弹，在攻击敌方大型战舰时并没有发挥多大作用。这些航母更适于进行侦查和炮火攻击，在这些方面它们能起到决定性的作用。——在 1925 年作者撰写该书时，以及在 1931 年（即该书所描绘战争的发生时间）前后时，真实情况可能确实如此，但到 1941 年真实的太平洋战争爆发时，情况早已不是这样的了。

- 在书中，美军巧妙地运用诱饵舰来伏击日军。——在真实世界中，美军通过破译日军密码成功地实施了多次伏击。当时，空中侦察技术的进步使得诱饵船基本发挥不了什么作用。

- 在书中，美军利用齐柏林飞艇进行海上侦察。——在现实中，当最后一艘齐柏林飞艇在 1935 年坠毁于加利福尼亚外的海域后，美国海军就放弃使用这种飞艇了。不过美军当时仍使用小型飞船进行近海侦查。

- 在书中，夏威夷瓦胡岛上的日本侨民发动了一场暴动，但未获成功。——在现实中，日本侨民没有发动暴动。

- 在书中，拜沃特给双方的指挥官都起了名字，但显然都是虚构的，并不存在的。——然而，在他给双方船只所起的名字中却有很多是后来真实存在了的，更令人感到惊心动魄的是，其中一些船只参与到了真实的海战之中。

- 说到那些他在书中命名的船只，他写到，日军在拥有足够多航母后，将"赤城"号航母的名字换给了一艘巡洋舰。——在现实中，日军后来确实将一些巡洋舰的名字调换给了航母，而"赤城"号航母参与了偷袭珍珠港，并在中途岛海战中被击沉。

- 在书中，美军等在大西洋对日本商船发动了多次攻击拦截行动，不过主要是通过水面舰艇突袭，而非潜艇偷袭。日军则利用其更为强大的巡洋舰进行反击并取得了上风。——在真实战役中，对商船发动攻击的主要是潜艇，攻击地点则是在太平洋，而日本人则溃不成军。

- 在书中，日军遵守了国际人权规范，既没有犯下战争罪，也没有攻击中立国和中立人士。——令人悲哀的是，现实情况并非如此。

- 在书中，美军对日本发动的多次空袭主要是向日本城市投放传单，这些传单引发了大量民众起义并最终推翻了日本政府。——令人悲哀的是，现实情况也非如此。

但是书中的基本内容却是颇有预见性：美军对日军的突袭发动了报复性还击，最终使用"蛙跳"战术越过日本的岛屿防御圈，将战火烧到了日本本土。

那么，拜沃特是否真的预见到了未来？从某种意义上说，是的，显然他预见到了。他是个海军问题专家，对科技、地缘和国家政策之间的相互作用所知颇深。他高度警惕美日两国在 20 世纪 20 年代进行的海军军备竞赛，他所写的这本书证明，这种相互作用及军备竞赛的自然结果是引发太平洋战争，并给双方都带来了惨重影响。当时那些认为太平洋足够大、足以避免战争发生的人，以及那些认为美国会直接发动反攻并迅速击垮日本的人，或者是那些认为日本太过落后且（或）缺乏远见的人，显然都错了。历史证明拜沃特在该书中所发出的警告确实是真知灼见。

不过，如果他真的能预见未来，那么他就不会预见不到更强大的飞机、雷达、"死亡行军"、大规模航母战、战略轰炸机群、燃烧弹、集中营、种族灭绝、许多国家遭受到疯子恶魔的奴役，以及原子弹。

或者，也许他的确预见到了并为此痛苦不堪——有报道称 1940 年 8 月他因酗酒而死于伦敦。

但更大的问题是，山本五十六是否读过这本书？20 世纪 20 年代，山本曾以日本海军武官的身份（也就是一种合法的、双方都默许的间谍）在美国待过一段时间，并在此期间就读过哈佛大学。更巧的是，他后来升任日本联合舰队司令官，策划了偷袭珍珠港，并指挥日军在战争初期取得了一系列胜利——这些胜战与拜沃特书中描绘的非常相似。

答案就是：山本绝对读过这本书，尤其是书中讲述的战争初期日本接连取得胜利的前半部分。据后来所知，他在一所培训学校进行演讲时提到过这本书，1934年还与拜沃特见过面，两人在一次海军会议期间曾聊过一晚上。

  人们不禁想知道，当太平洋战争的形势越来越不利于日本时，当日本先后在中途岛海战、珊瑚海海战和瓜岛之战中遭遇惨败后，山本是否重新拿起过这本书并读完了后半部分。在他飞往各个前哨阵地进行实地视察的途中，他是有足够时间读完这本书，包括1943年4月他从拉包儿飞往布干维尔时。我们永远也不可能知道了，因为众所周知，他在这趟最后飞行途中遭到长期奔袭的美军军机的拦截并就此殒命。

  拜沃特的书中可没提到这点。

29

阿波罗

儒勒·凡尔纳在其科幻小说中曾描写过三位宇航员乘坐铝制太空船飞向月球并体验到了自由落体的感觉。103年后，才有三位宇航员真正乘坐铝制太空船飞向月球。由NASA及nasaimages.org网站提供图片。

三名宇航员乘坐太空船从佛罗里达州升空，在环月飞行几圈后返回地球，并降落在大海上。这一探月工程是应一位美国总统的呼吁才最终得以实现的，旨在创造性地利用美国强大的军事工业。而这一工程也成为美国国民的骄傲。另外，德克萨斯州经过激烈竞争成功被确定为飞船的发射地点。

以上这段描述足以概括1968年美国阿波罗8号太空探索计划（令此前的"水星"项目和"双子星"项目相形见绌）的主要亮点，然而，令人吃惊的是，这段描述总结的是《从地球到月球》这本书的主要情节，其作者为儒勒·凡尔纳，而书则面世于1865年。换句话说，是在阿波罗8号升空之前的103年。

凡尔纳（1828~1905年）是世界知名科幻小说家，其预测的许多科技都已成为现实（有些有待商榷），包括电、汽车、核潜艇、空调、计算器和计算机、互联网、"相互确保摧毁"战略（MAD）、摩天大楼、焦虑的职业女性、招兵难问题、高速列车、死刑电椅、传真机、以文化困厄为代价的技术进步、电视、气候变化、巴黎卢浮宫的重建（添加了几何主题）等等。

不过，坦率地说，这些预测（除了卢浮宫）基本上都是他那个时代人们已知各种技术、小发明和趋势的某种延伸（当然，有时是极度的延伸）而已。在炎炎夏日，任何知道点热胀冷缩原理的人可能都会梦想能有一台空调。看到马匹在道路上又拉又撒令人恶心、同时又听说过内燃机比外燃机（如蒸汽动力）好的人可能也都会幻想能不能有一台会自己动的车。在凡尔纳所处的时代，电报已将世界连接起来，那么，再加上计算机，不就自然会联想到互联网吗？等等等等，莫不如是。要将这些梦想变为现实，可能需要花费几十年甚至上百年，但这与凡尔纳无关。

然而，绕月飞行的太空项目（作为国家实力的展示）却并不是19世纪任何技术或发明的延伸。是的，在19世纪，各国的确会向未知地域派出探险队，不过都是为了绘制地图，因此其目的和用途非常明确。而飞向月球在当时可没什么显而易见的用处。（从阿波罗计划之后美国一直没有推出什么后续计划就可以知道，显然人们对此有着类似的看法。）

凡尔纳小说中的环月飞行和阿波罗计划的一个巨大差异在于前者是用大炮而非火箭发射，显然，这是一趟"单程"旅行。除此之外，越深入比较二者异同，你就越会发现它们有如此之多的惊人相似之处。

凡尔纳笔下环月之旅的主角是一群参加过美国内战的炮兵，而探月之行源于他们与一位工业家所打的赌。阿波罗计划利用的是冷战中划拨过来的资源，源于肯尼迪总统所做的一项承诺（在其遇刺之前），即美国必须在20世纪60年代末之前登上月球（从而在苏联掀起的太空竞赛中击败苏联）。还有其他引人深思的相似之处。

其他令人惊叹的相似之处还有：

- 凡尔纳小说中所用大炮的名字叫"哥伦拜德"，而阿波罗8号的指挥舱叫"哥伦比亚"。
- 德克萨斯和佛罗里达为成为太空舱的发射地点而展开了激烈竞争——书中和现实中都是如此。凡尔纳虚构的大炮建造地点距离阿波罗的发射地点只有120英里。在现实中，德克萨斯的休斯敦被定为飞船控制中心所在地——作为其与佛罗里达争夺发射地点失败的补偿。
- 在小说中和现实中，这两个项目都引发了媒体报道的狂潮。
- 阿波罗项目涉及建造一个跟踪网络，而凡尔纳小说中则涉及建造一座定制的跟踪望远镜。
- 凡尔纳小说和阿波罗项目中的太空舱都是用铝合金建造的，花费不菲。
- 两个太空舱都能装载3人。
- 凡尔纳的太空舱重达9.5吨，而阿波罗的太空舱为13吨。

- 大量游客聚集在发射场周围观看发射——在书中和现实中都是如此。
- 两个太空舱都于 12 月发射，都花费了好几天时间才到达月球。
- 两者都进行了绕月飞行，然后返回地球。阿波罗 8 号是按原定计划这么做的，而凡尔纳的宇航员们则是因为用于在月球着陆的制动火箭失效而被迫返航的。（凡尔纳太空舱在发射上天后的命运刊载在 1870 年一本名为《环月旅行》的连载故事中。）
- 阿波罗 8 号降落在太平洋约翰斯顿岛以南几百英里处，并被美国海军的舰船回收。凡尔纳的太空船也降落在太平洋，距离墨西哥海岸几百英里，同样被美国海军捞起。
- 凡尔纳书中 1865 年的探月项目花费了 540 万美元，相当于 1969 年的 121 亿美元。而截至 1969 年，阿波罗项目据报道共花费了 144 亿美元。所以，凡尔纳在 100 多年的预测准确率达到了 84%。和许多业余的项目管理者一样，也许他也不能容忍管理费用超支。

两者也存在一些差异，例如在 1865 年的故事中没有出现电力。二者最大的差异就是：阿波罗项目的确发生了，并且实现了环月飞行的目标。而凡尔纳的探月项目则只是幻想，如果当时真有人敢照他写的这么去做的，那结果绝不会是实现环月飞行。以 1865 年的科技，当时人们是有能力建造一个巨型大炮（如书中所说的，900 英尺长，9 英尺口径，垂直竖于地面）并进行发射的——当然，要有合适的发射力量和发射角度。然而，宇航员不可能受得了发射时的加速度。事实上，凡尔纳的书中的确有反对者指出过这一点。所以，如果真有人敢尝试这个项目的话，那凡尔纳肯定会大惊失色。

不过，他的预言是正确的。到 20 世纪 60 年代，人类掌握了相应的发射技术，可以以人体能承受的加速度（即只有几个 G，而非上千 G）将宇航员送上太空。其他涉及工程学和轨道运行技术的问题与凡尔纳当初的设想相比并没有取得特别突出的进步，依然需要等待逐步解决。此外，太空舱的大小及任务的可持续时间等问题也仍有待进一步解决。

凡尔纳的探月故事显然属于第二类颠覆性时空错位，一种超越了当时科技和认知水平的未来物体和技术出现在了那一时代人的笔下，而其所勾画的物体和技术与我们现代相仿。因此，可能会有人想知道，几千年后，未来的学者们是否会很难将凡尔纳的探月之旅与我们的阿波罗探月工程区分开来，因为届时，二者可能都同样难以考证了。

事实上，我们今天又该如何解释这种"巧合"呢？一个100多年前的人所描绘的探月之旅为何会与阿波罗项目有如此惊人的相似性？他是如何预见到的？

如果凡尔纳确实有预知能力或先见之明，那么他所描绘的发射过程就应该使用火箭，而非大炮。但是，如果他真这么写的话，那一时代的读者可能会难以接受，因为当时大部分人只知道黑火药火箭威力小、难以控制，并随时有可能爆炸。因此，为了保证该书的吸引力和销量，凡尔纳可能就此改成了大炮发射，并让其发射的太空舱装配了某种能吸收震荡的材料，从而保障宇航员的性命（书中确实是这么写的）。

如果他确实有预知能力或先见之明的话，那么这种能力肯定会体现在他其他所有的53部小说中。如前所述，从某种程度上说，他的所有小说确实都体现出了某种预知能力或先见之明，不过，他的预知是不完全且有漏洞的，这表明他依然是依据当时的趋势和技术而做出预测的。

如果你不想听什么理性的解释，那么，我们也许可以说，可能是因为探月梦想对人类集体意识有着如此之大、如此之深的影响，以至于100多年前的某个人无意识地与此产生共鸣并超前地作出了预测。凡尔纳曾说他"听到"了未来，所以他将其转换到了1865年时的场景。

或者，也许他就是一个认为美国人愿意去探索月球来彰显国家声誉与实力的法国人。

不论原因如何，反正他预言得很对。

30

20 世纪的"预言"

爱德华·贝拉米,他在 19 世纪下半叶关于 2000 年时乌托邦情况的预言使无数读者为之着迷。可是,在他希望自己宁可错误的地方,他的预言却对了。维基百科公共领域材料。

如果一个人在1887年那个艰辛、混乱的世界陷入恍惚，然后在2000年醒来，会发现自己处在一个心醉神迷的社会主义乌托邦之中。战争和犯罪在这里已经被消灭了。这些是爱德华·贝拉米在1888年所写的小说《回望：2000~1887》中，希望我们相信的内容。是科幻小说？有点儿。实际上是糟糕的预言？绝对是。是某种程度上的颠覆性时空错位？不完全是——更像是一种文化产品，但是如果有人现在对我们说这些，我们可能不会接受。

贝拉米，生于1850年，卒于1898年。职业是律师和作家。这本书一定是说出了19世纪后半叶很多人的渴望，它在当时是排名第三的畅销小说，仅次于《汤姆叔叔的小屋》和《宾虚》。它所产生的吸引力是无法解释的：故事架构乏味，文字僵硬而且没有章法，情节主要包括醒来的主人公与收留者的长谈，收留者向他说明了贝拉米虚构出来的20世纪工业经济的完美运转，同时还仔细剖析了1887年的文化标准，认为这种标准是毫无用处并且应该被摒弃的。主人公也会去商店、去社区的餐厅用餐，而且最终，他喜欢上收留者的女儿——主要内容就是这些。

从头至尾，这本书列出了很多预言（当然，夹杂在枯燥的说教和唠叨中），从宏大的构想到寻常琐事不一而足：

- 1887年的经济低迷、生产力低下，无法满足劳工追求更好生活的需求，人们对此束手无策。——在现实中，得益于随后而至的技术革新，财富变得不再那么遥不可及，而民众的肥胖率也达到了令人瞠目结舌的地步。
- 1887年，垄断压倒了竞争，而到2000年，垄断企业仍牢牢占据着上风。——在现实中，贝拉米的书面市两年后，即1890年，美国国会通过了《谢尔曼反垄断法》，以防止大企业垄断市场，该法在此后发挥了良好的作用并基本达到了预期目的。此后几十年中，美国烟草公司、标准石油（美孚石油）公司、国家现金出纳机公司、IBM和微软都尝到了苦头。

- 在书中，所有不可一世的垄断企业随后都被分解为大型公司，并陆续被政府收编，经过一场不流血的成功社会改革，政府成为唯一的（也是仁慈的）雇主。——而在现实中，一些国家则尝试以强力方式推动变革，其过程非常"血腥"，极具破坏性，最终的结果也并不成功。

- 书中所描绘的20世纪，在新的社会政治秩序下，所有人都实现了同工同酬，而从事高强度劳动的人也可以享受到较短的工作时长。——在现实中，自1887年以来，每年工作44周已成为标准工作时长，通常还有法律规定的最低工资保障。

- 在书中，劳工以军事化管理从事工作，21岁开始工作，45岁时半退休，到55岁即可彻底退休。——在现实中，大学毕业生通常在21岁左右参加工作，退休年龄则不尽相同——在没有严重健康问题的情况下通常都是在55岁以上退休。

- 在书中，世界不再有战争，人类唯一的敌人是缺衣少食和严寒。——在现实生活中，你只能将这些看作是梦想或信仰。

- 在书中，未来的人们以医疗的方式解决犯罪问题。——今天也存在这种情况。

- 在书中，女性可以获得与男性一样的报酬，可以按自己的意愿休产假。——在现实中，我们离这一标准还有一段很长的距离。

- 在书中，人类通过大型充气管道运输货物。——在现实中，我们还得通过卡车等运输货物。

- 在书中，女性的时尚会变得不那么繁琐。——在现实中，仅从外表

163

看，确实如此。
- 在书中，男性的时尚也基本如此。——在现实中，我们基本还是能分清他们是男是女。
- 在书中，高大的烟囱和城市弥漫的雾霾已成为过去。——在现实中，的确如此。
- 在书中，从1887年到2000年的113年中，人们在演讲或说话时喜欢咬文嚼字、故作高雅的习惯并没有多少改变。——在现实中，我无法对此表示赞同。在有些时代，你必须学会用花团锦簇的语句，否则别人会觉得你没文化。1887年的时候可能如此，但2000年时可不流行这种。
- 在书中，2000年时的店铺老板们都变成了大型商铺的销售员。——在现实中，沃尔玛是这样的吧？
- 在书中，闹钟可以演奏音乐。——在现实中，确实很多。
- 在书中，未来世界有了一个类似联合国的国际组织，且发挥着相当的作用。——在现实中，确实有联合国这样的全球性组织，但是否算"发挥着相当的作用"，就有待进一步商榷了。
- 在书中，未来世界的人们可以用信用卡支付一切费用。——在现实中，我们快了。
- 在书中，商品的价格由制造该种商品所需的人来决定。——在现实中，这主要取决于供求关系。

贝拉米在做预言时基本上没有以任何科技为基础。在他书中，只提到过一次电力。他所预言的电话与其说是"电"话，不如说是某种能将现场演奏的音乐传至听者的管道，他也根本没提到过什么能记录音乐的唱片一类的东西，而实际上，在1887年，留声机至少已出现10年之久了。他也没提到汽车或某种形式的大众交通工具。不过，他倒是提到，人行道上都建有可伸缩的顶棚，这样人们出门就不再用带雨伞了。

显然，贝拉米不是儒勒·凡尔纳。贝拉米的兴趣在于预测社会的进步，而非技术的进步。而他所预见的社会进步更像是一种外表光彩照人、经过精心改良的难民营，奉行着一种军队式整齐划一的文化规范，人们在社区的公共食堂统一就餐，而劳动也成为一种表现自我的方式——事实上，届时劳动会变得如此高贵，以至于人们根本不愿意给它贴上任何价格的标签。

换句话说，这本书看起来完全像是由某个从未在军队服役、或从未在煤井或船坞中挥汗如雨辛苦劳作、或从未天不亮就起床给家畜喂食的精英开出的某种社会处方。

显然，贝拉米（还有他的许多读者，其中不少人以他的名字建立起多个政治俱乐部）只希望享受到工业经济所带来的显著好处，而不愿意看到这种社会还存在着各种根深蒂固的不安、焦躁和不可预测性。他们希望劳动力和商品的价格由他们这种"理性的人"来设定，而非服从于冷冰冰的商业机制。

事实上，自1888年以来，人们就悲哀地发现：鱼肉和熊掌不可兼得，希望以所谓理性的方式人为地确定商品的价格根本不现实，因为脱离了价格背后的经济规律，价格本身毫无意义。是的，理性的人可以人为设定商品价格，但这其实是脱离实际的行为。其结果就是社会普遍性的效率低下，如果武断地设定价格，就无法保证经济的效率。最终，社会大厦只能靠恐吓的方式加以维系。前苏联就是如此，其直接的后果就是，工人们会说："他们假装给我们付工资，所以我们也假装工作"，而其最终结果就是国家的全面崩溃和瓦解。

与此同时，这本书还暗示，个人的尊严并不来自于自身，而来自某种外物，也就是说，在一个完美的世界中，人的尊严来自于其所承担的工作，而这些工作的性质和条件却是由一群理性的人所规定的。人与人之间的关系甚至得不到承认。

这实际上是一种精英主义。贝拉米认为，大企业和大政府并非天生即"性本恶"，但由于其掌握着近乎无限的政治、经济、产业能力和权力，它们会不断发展、不断演变并不断相互融合，最终自然而然发生蜕变。以现代标准看，这一理念非常有趣。可能贝拉米本人找不到任何能让其设想的崭新世界出现的办法——也许根本不存在。不过，他在书中暗示的是，对此感兴趣的人根本什么都不需要做，只需要坐下来，等着奇迹发生就行了。

今天，我们能够看到各种自诩正义的精英们在宣扬政府管理的恐怖——除非在一些他们认为需要存在管理的领域。他们似乎坚信一些理念，如街道应治安良好且维护正常、食品安全应得到有效保障、自来水应滤净霍乱等病菌、医疗保障应安全高效、银行和证券经纪人应诚实可信等等。换句话说，也就是将权力给予"正确的"官僚。

所以，也许时间最终证明了贝拉米真的是个先知呢。

31

1945年的互联网

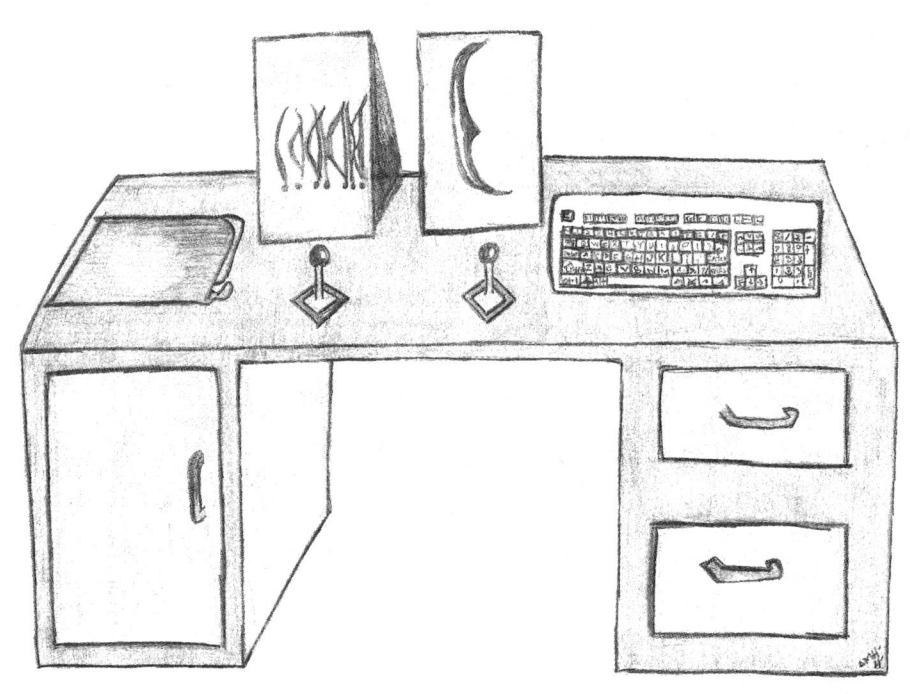

该图为万尼瓦尔·布什于1945年制造的扩展存储器（麦麦克斯，Memex）的设想图。这台机器左侧是一个扫描仪板，中间是一对配有操纵器的显示屏，右侧是一个键盘。如果这种机器能够被制造出来的话，那么其用户的使用体验可能跟使用我们今天的互联网非常近似。阿曼达·赫尔南德兹绘图，经许可使用。

一台带有多窗口图像显示仪及键盘和特殊控制器的仪器摆在你桌上。你可以通过它浏览海量的材料，包括浩如烟海的各种百科全书。当你寻找到你想要的材料时，你可以保存它的链接，甚至可以在其他材料中再次使用这些链接。

听起来，上述过程只是对你使用互联网的某种描述。然而，它并不是，实际上，这段描述所指的是一种能"极大延伸和补充个人记忆"的机器，名为"麦麦克斯"。美国总统的科学顾问万尼瓦尔·布什于1945年首次在一篇文章中提出了这一设想，以满足人们查阅日益增长的海量科学文献的需求。

这篇题为《诚如所思》的文章于1945年7月发表在知名学术杂志《大西洋月刊》上（随后《生活》杂志进行了转载，并对文章进行了一些有益修改，配上部分图片）。如今你还可以在互联网上阅读这篇文章，这可能会是一种极其有趣的感觉，因为在互联网上阅读文章正是布什这篇文章所预言的主要内容，你的行为恰好是对这一预言最好的印证。

当然，布什的预言也不都对。他基本没有谈及技术方面的细节，只是设想能够通过某种方式让这台机器实现其设想的功能，也许是使用先进的微缩胶卷技术或热离子管技术（即真空管）。事实上，最终我们是通过热离子管的后代——晶体管，也就是将几百万个以上的晶体管集成在硅芯片上——而得以实现的。布什也预见到了需要某种网络，不过他认为这种网络应该是邮局。

作为前麻省理工学院教授及雷神公司的共同创始人，布什曾在二战期间担任过罗斯福总统科学研究与发展办公室的负责人，并监督过各种尖端技术的研发，如雷达、抗生素、无线电近炸引线、喷气式飞机、自导鱼雷，以及绝密的"曼哈顿计划"（杜鲁门在担任副总统期间都无权知道，直到其接替罗斯福担任总统后才得以知晓）。如此多的项目自然有着汗牛充栋般的资料和文献，要想及时找到适用的材料显然是一项极其艰苦的工作，他这篇8100字的文章其实就是对缺乏可用检索工具的一种抱怨。

他用三分之二的篇幅描述了他想要的一种工具，麦麦克斯（不要将这个名字与同名的苏格兰软件公司搞混了）。从外表上看，这只是一张普通的桌子，但是桌上放着几个半透明的屏幕、一个键盘、一块"半透明的板子"（扫描仪），以及一些按键和操纵杆。这台机器预装了一整个图书馆的书籍、期刊——可能使用了该文前边所说的微缩胶片技术（可以将100多万本书预装进这台机器）。还有一种设备可以给每个条目增加备注。使用者可以将个人选中的书、记录和信息加入到麦麦克斯的数据库中。

只需键入一个代码，就可以非常方便快捷地对任何条目进行检索。前进和后退按键可以让使用者方便地浏览条目的每个部分，还有一个特殊按键可以让用户迅速跳到条目的索引。这台机器有两个显示屏，可以分别显示两篇不同的文章。用户还可以建一个代码日志，这些代码都有便于记忆的名字。然后用户可以将某一主题不同条目的代码记录下来并串联起来，布什将这一过程称为"联想索引"。

布什之所以设想这台机器使用联想索引的方法，是因为他认为这种索引方法符合人脑的思维习惯——想到某个主题，就会很容易联想到其他与之相关的主题。人脑的这种联想过程快速而复杂，但在记忆中留存的时间很短，而有了麦麦克斯存储器，你就可以永久地记录下相关联想。

使用者们可以将适用于各种目的或特定专业的相关条目的索引罗列出来。根据布什的设想，每台麦麦克斯的容量相同，并且都能通过邮件定期获得同样的更新。他在文章中指出，微缩胶片材料可以通过低廉的邮寄方式送达，出版物则需经由微缩胶片制造商加工后送抵。

布什在随后撰写的一些文章中预测，未来，专业型和科技类杂志将不再发行纸质印刷品，而是以麦麦克斯数据库更新资料的方式提供给用户

（可能通过电传的方式）。

他还倡议将语音识别作为一种输入方式，并且预测未来可能实现大脑直接交流。

接下来，我们将布什的预测与60多年后才出现的互联网进行一个比较，其中前者为布什的预测，后者为互联网的实际状况：

- 微缩胶片储存——电子存储。
- 个人通讯和记录储存在一个桌面设备中。——存储在台式设备中。
- 半透明的屏幕——电脑显示器。
- 多个显示窗口——多重显示视窗。
- 键盘——键盘。
- 透明板——扫描仪。
- 前进与后退按钮——前进与后退屏幕图标。
- 益于记忆的地址编码——web地址（URl）。
- 联想路径——超文本（hypertext）。
- 联想路径的日志文件——网址收藏夹。
- 刊发联想路径文件——维基、新闻门户网站、博客链接等。
- 通过专用按键链接索引页——通过专用按键图标链接主页。
- 能向数据添加标记——在线编辑你个人的材料。
- 可以看100万本书——可以获得相当于几百万（几十亿）本书的资料。
- 通过邮件提供数据——通过电子邮件提供数据。
- 数据由微缩胶片制造商提供——出版商、电子邮件、网页等都可以为你提供数据。
- 用户通过麦麦克斯数据库更新来获得专业和科技出版物——用户通过互联网网站获得此类出版物。
- 语音识别——语音识别（微软较新的几代windows系统都有这一功

能，但知者、用者不多）。
- 大脑直接输入——还做不到（人们一直在研究这一技术，但不少人怀疑，即便我们真的研发出这一技术，它也需要使用者有相当高的精神集中度和训练，这么费神费事还不如用键盘输入）。

如今的互联网有一个功能布什不曾预见到——搜索引擎。在布什的设想中，麦麦克斯的"智能"来自于用户保存的日志文件。所有的关联目录都来自于使用者的感觉和判断。换句话说，这些关联目录必须手动生成，这首先需要用户本人至少得粗略地看完所有的目标材料（通过传统的专题目录来确定要看的目标材料）。虽然他并没有预见到搜索引擎，不过，即便有"穿越者"将这一理念告诉他，他可能也不会大吃一惊，因为这一技术不过是建立在简单的词条匹配基础之上而已，绝大多数搜索引擎都是在随机的基础上提供有关联的检索结果的，用户还得在其提供的一大堆检索结果中依据自己的判断和认知去寻找自己想要的材料。这与麦麦克斯的功能和布什的设想并没有什么本质的区别。不过，布什可能会喜欢搜索引擎，并将其看成是自动生成索引（虽然是比较原始的索引）的好帮手。

布什曾举过一个例子来说明麦麦克斯的主要用途，他设想某位用户可能会想深入了解一下弓箭的历史，并试图搞清楚在十字军东征时期，为何英格兰人从未采用过土耳其式短弓——这种短弓的射程显然要优于英格兰长弓。这位用户用麦麦克斯搜集了一些深入研究相关问题的文章，甚至包括一些分析物体弹性的课本，并将相关路径汇总起来，再加入自己的分析，最后将其打包。之后，他将这一文件包传给一位朋友，两人对当时的英格兰人排斥创新等问题（这也是布什热衷讨论的问题）进行了讨论。这位用户得出结论，中世纪时的英格兰人由于根深蒂固的文化惰性而没有采用土耳其短弓技术真是一个非常大的失误。

讲到此处，我们需要提醒一下，布什的麦麦克斯只是个设想，从未变为实物，因为它需要一种灵活、高速、高容量并由电力控制的微缩胶片，以适应高选择性、高速检索，这根本不现实。有趣的是，事实证明，将100万本书放在一张桌子上是可能的——如果每本书平均有6万字且没有插图，那么不超过100张DVD光盘就足以装下。然后再设计一台DVD读取器并将其放在桌子上，这就完全搞定了。

取代麦麦克斯出现在世界上的是互联网，其主要特点非常近似麦麦克斯，但这可能是因为其设计者们面临着与布什当年一样的压力和阻碍。虽然麦麦克斯显然是一种颠覆性时空错位设计，但没有任何证据能表明布什拥有任何灵媒先知能力或证明他是什么穿越者。（虽然UFO研究者和阴谋论者常常将他与政府秘密的UFO研究项目和/或由外星人控制的某个掌控全国的秘密委员会联系在一起。）

不管怎么说，如果布什不是生活在1945年前后这一时代的人，他恐怕也不会以英格兰人为何没有采用土耳其弓为例来说明麦麦克斯的功用并将其归因于英格兰人的惰性。只要在21世纪的互联网搜索引擎上检索"土耳其弓的构造"这一词条，布什就会在检索结果中看到，土耳其弓需要大量产自多瑙河鲟鱼口器的特殊胶水。这种胶很容易受潮，所以在湿度达70°以上的环境中，这种弓就很容易失效，因此通常必须储藏在加热的容器中。

换句话说，在当年英格兰潮湿多雾的环境中，这种弓毫无用处，因此，对于生活在中世纪的英格兰人而言，最好还是保持使用长弓的习惯——他们可能自己也有这种感觉。

这是一种军事技术选择——对此万尼瓦尔·布什并不陌生。

32

《桃色风云：摇尾狗》

比尔·克林顿总统和白宫实习生莫妮卡·莱温斯基。一部名为《桃色风云：摇尾狗》的电影惊人地预言到他们在一场巴尔干地区危机爆发期间发生的桃色纠葛。维基百科公共领域图片。

一位发现自己深陷性丑闻之中的美国总统指挥美国军队参与了在阿尔巴尼亚的军事行动。显然，我们说的是：

（1）片长97分钟的好莱坞R级电影《桃色风云：摇尾狗》，该片由新线公司于1997年12月出品。

（2）比尔·克林顿和莫妮卡·莱温斯基的性丑闻，丑闻于1998年1月爆发，该年，为应对科索沃危机（源自阿尔巴尼亚族人与塞尔维亚族人之间的冲突），美国向这一邻近阿尔巴尼亚的地区派出军队加入多国维和行动。

（3）上述两者。

答案是（3），两者都是。克林顿—莱温斯基—阿尔巴尼亚族人事件与《桃色风云：摇尾狗》这部电影的情节惊人相似，而且，最奇妙的是，这部电影刚上映，这一真实事件就开始发酵。那些相信时间流逝只是一种幻觉的人似乎又找到了一个新的证据。而那些相信生活是在模仿艺术的人可能会再次理直气壮地说，你看，没错，艺术中虚构的情节真的变成现实了。

在这部电影中，有报道突然披露，正寻求竞选连任的总统在白宫猥亵了一名少女。电影并没有交代这一指控是否属实——这不是重点。重点是，这条新闻是在大选前11天突然被披露出来的。为转移公众视线以消除负面影响，总统的竞选团队找到了一位化解问题的高手来摆平此事。这位高手首先大肆散播谣言，称一些反美恐怖分子正企图在阿尔巴尼亚发动针对美国人的恐怖袭击。他还与好莱坞一位制片人共同制作了一部呼吁打击阿尔巴尼亚恐怖分子的宣传片并谱写了一些颇具煽动性的战争歌曲。此后几天，形势逐渐向有利于总统的方向发展，随后，总统突然宣布已取得反恐行动的胜利并"结束"了这场虚构的战争。为进一步造势，这个高手团队还大胆地炮制了一个煽情的故事：一位美国士兵在此次阿尔巴尼亚军事行动中不慎陷入恐怖主义分子的控制区内，但他并没有放弃，甚至还给母亲发出信息安慰她。这个团队炮制了一场所谓的营救行动，决定演出一场"英雄回国"大戏，白宫为此挑选了一名犯人来扮演这名大兵。然而，载着"英雄"的飞机在飞往华盛顿途中不幸失事，那名因强奸修女入狱的罪犯也随之身亡。他们又顺水推舟地导演了一幕隆重的葬礼。事情似乎进展顺利且非常成功。但是之后，这位好莱坞的制片人发现媒体将总统成功的竞选造势归功于他人所摄制的一系列商业电视广告，为此愤怒异常并提出应该让公众知道他才是阿尔巴尼亚"危机"幕后的操盘手。几天后，他在自家院子中的泳池边晒太阳时——尽管当时是寒冷多雾的冬日——莫名其妙地死于"突发性心脏病"。

尽管这部影片既没有火爆的追车场面，也没有幽默的对白和情节（这往往是赢得大众票房的法宝），但全明星的演出阵容依然让它取得了不俗的票房成绩。片中最有趣的可能是那位化解问题高手与某位中情局官员之间的一段对话，这名官员抱怨说中情局的间谍卫星在阿尔巴尼亚找不到任何军事行动的证据，这位高手应答道："那我们还要它们干吗？"当然，他认为这也好解释，因为所有的战斗都发生在夜晚、雨天和卫星监控的空白地带。

到1998年1月底，演员和剧组结束了这部影片的巡回推介活动，投入到其他影片的拍摄制作中去。观众们也明白了这部影片所要传递的信息：第一，在政治中，你所看到的并不一定是真实的，它可能是假象，并且营造或制造这些假象的成本非常低；第二，在总统爆发性丑闻时，一场阿尔巴尼亚危机能有效转移公众视线。

没错，随后生活就开始模仿艺术了——拙劣地模仿。在1998年1月的最后一周，有关比尔·克林顿总统与前白宫实习生莫妮卡·莱温斯基之间有染的传言开始不断浮出水面。此前，莱温斯基已转入五角大楼，她在与一位朋友通电话时谈到了自己与克林顿之间的关系，这位朋友将这次通话录了音。之后事情开始逐渐闹大。起初，克林顿矢口否认有此事，且一直到该年夏仍坚持这一观点。

与此同时，存在已久的科索沃民族危机开始升温。科索沃是前南斯拉夫的一个省，紧邻阿尔巴尼亚，绝大多数人口为阿尔巴尼亚族人。前南斯拉夫解体后，科索沃归属塞尔维亚族人占主导地位的南联盟共和国，塞族人和阿族人之间的摩擦不断。

1998年，随着塞族与阿族武装分子之间的冲突日益加剧，美国参与了西方一系列促和与制裁行动，推动塞族人接受停火协议。

1998年8月17日，克林顿最终被迫承认与莱温斯基有"不恰当的肉体关系"。不过，他依然否认两人存在性关系，坚称这种肉体关系并不属于性关系的范畴，不管怎么说，他并没有"碰"她，是她"碰"了他——没人接受这套说辞。

镜头再转回科索沃，1999年初，冲突双方在巴黎郊外的朗布依埃举行了和谈，但到1999年3月，和谈失败，北约随后对南联盟军队发动空袭，塞军最终于6月撤出科索沃。北约维和部队控制了科索沃，随后开始重建进程。

再回到华盛顿，1998年12月19日，众议院对克林顿提出弹劾，指控其作伪证及妨碍对性丑闻的司法调查。克林顿成为美国历史上第二位被弹劾的总统（第一位是美国第十七任总统安德鲁·约翰逊，发生在1868年。原文如此——译者注），民主共和两党在众议院的投票中针锋相对。随后，按照美国宪法的规定，参议院对此案进行了审判，但1999年2月举行的参议院投票并没有获得弹劾所需的法定票数，即必须有三分之二的参议员投赞成票，控罪才能成立（1868年的弹劾案也因一票之差未能通过）。

这部电影与真实事件之间存在的一个巨大差异就是，在真实世界里，战争的确爆发了，而在电影中，战争完全是虚构的，目的是转移公众对总统性丑闻的注意力。在现实世界中，早在克林顿和莱温斯基相遇之前，科索沃的民族关系就已非常紧张，并在克林顿承认存在不当关系后又持续了好几个月。如果克林顿不曾陷入性丑闻之中的话，那么他对科索沃危机的态度可能会有所不同，不过，很难说科索沃危机的最终结果会有什么不同。

电影与真实之间的差异还有：

- 在电影中，白宫是阿尔巴尼亚危机的煽动者，也是唯一的参与者。（在听到危机爆发的消息时，阿尔巴尼亚人和其他国家的人一样非常吃惊。）——在现实中，危机与战争发生在阿尔巴尼亚之外的地区，且北约多个国家参与了联合军事行动。塞族人和阿族人都进行了大量宣传，以夺取道德制高点。
- 在电影中，那个被骚扰的女孩只有15岁。——在真实世界中，莱温斯基当时为22岁，而克林顿为49岁，二者之间的年龄差距并没有那么悬殊和耸人听闻，两人都是成年人，这更像是你情我愿的游戏。
- 在电影中，有两人失去了性命。——在现实世界的这场危机中，死亡人数高达12000人左右。
- 在电影中，整个事件大约持续了11天。——而现实中则断断续续持续了1年多。
- 在电影中，那位虚构的总统最终得以从丑闻中成功脱身。——在现实中，克林顿遭到弹劾，但在参议院的审判投票中轻松过关。不过，他所属的民主党在此后举行的总统大选中失利，原因是分析人士所称的"克林顿疲劳综合症"，而此前并不被看好的小布什则赢得了大选。

但是这部电影最终的教训也许出现在最后几秒钟，当新闻播报了关于阿尔巴尼亚真的出现冲突的时候——没有告诉观众这篇报道是否为真实可信的，还是另一个廉价的虚构危机，电影就戛然而止了。而在现实中，我们从一份报道无法知道，自己看到的是现实还是幻象。不断重复的、类似的报道也许意味着在这份报道后面的确有事情发生——或者有人投入大量精力防止捅破窗户纸。

换言之，在某地，的确可能有真实情况发生，但是我们总是会提出问题，我们是否真的与之相关。

不过，我们可以经常去看看电影。

Out of Place in Time and Space

近代及之前有关 UFO 的描述

友善的外太空星际旅行者曾多次造访过地球。这点从曾多次划过天际的 UFO 就可窥得一斑。我们还可以从近代及之前的一些艺术作品中了解到一些有关 UFO 的描述，这些描述自然、可信，因为 UFO 出现在天空而艺术家们可以看到它们。

如果你能毫不犹豫地接受上面这段的观点，那么你可以跳过下面这些部分。（当然我们还是建议你认真地读一下。）

而对于其他人来说：对某些特定问题的看法归根结底是个人的"信念"问题。例如，你必须相信此时此刻与你面对面说话的人，与你眨巴一下眼睛之前和你说话的人是同一个人。然而，这些是无法证明的。是的，相信或想当然地以为他们是同一个人可能更简单些，但是，这种简单的相信或以为并不总是正确的。人们相信，天花板上的灯会亮是因为你打开了墙壁上的开关，从而将灯泡与巨大的发电站和输电网络连接起来——这是一种令人难以置信的想法，没错，这听起来像一个给小孩子讲的童话故事。当然，这要比相信顶灯是一个会发光的、可通过墙上开关控制的果实显得更加简单、更合乎逻辑。

如果说不明飞行物会出现在今天的天空中，那么，我们也有理由相信，在文艺复兴时代的意大利（及其他地方）的天空中，同样也可能出现某些不明飞行物，而任何看到它们的画家都有可能把它们画下来。相信这些不明飞行物属于友善的外星人，这可能会显得思维跳跃得太快，但谁又能证明这不是真的呢？没人曾证明过它不是真的，未来可能也无法证明。当然，我们若想证明它就是真的，需要确实的证据，例如一艘飞碟降落在白宫的草坪上。不过，以前和现在没发生过，并不代表以后或以后的以后就不会发生。

换句话说，期望能在这个话题上理出个逻辑来纯粹是浪费时间，而在绝大多数话题上，人们往往都想梳理出个逻辑，其实，这些逻辑往往都是死循环。

不过，如果有人真的坚持要理出个逻辑来，那么，我们就说一个吧：

有能力跨越宇宙的外星人会对我们感兴趣,这听起来很滑稽。就算他们对我们有兴趣,那么这种兴趣肯定也是一种符合他们——而非我们——利益或目的的兴趣,在这种情况下,他们只有极少的可能性会是友善的。

也就是说,本章节会谈到近代及之前时代的艺术作品所描绘的不明飞行物,这些物体符合现代人对 UFO 的先入之见。那些相信 UFO 存在的人会发现此前时代的艺术家所描绘的物体完美地确证了他们的看法;而另一些不这么看的人可能会希望找出更符合所谓公认逻辑准则的其他解释。不管你是哪类人,请记住,逻辑并不总是会将你引向正确的答案。

读者们应该认识到:3000 年后的好莱坞学研究者们可能会挖掘出一套文物碎片,上面用古雅的文字标着《星球大战》。他们可能会对这些文物所描绘的场景痴迷、吃惊不已:各种人物驾驶着飞行器翱翔在太空轨道之中,在高速飞行中,他们几乎不会感受到任何明显的加速度,但显然能体验到失重的感觉,还有敌方飞船会不时从他们眼前来回疾驰。然而,驾驶飞船在太空轨道飞驰的人必然会遭遇到足以致命的加速度影响。此外,这些文物中所描绘的宇航员会不断向敌方飞船开炮并常常打不中,然而,大家都知道,在真正的太空战中,你绝不可能处于敌人的视线范围之内,而打不中敌方飞船的原因也往往只会是因为敌方使用了太多的诱饵,而非瞄不准。

在看到这些文物后,各种评论家都纷纷不厌其烦地评头品足,认为它们显然是一些发生在多维空间之中的事情,在这种空间下,人们不会受到物理规则的影响,而《星球大战》中所描绘的场景也是完全有可能的。不过,大家都知道,人们直到"后可口可乐时代"——即这些影像文物诞生的 2000 年后——才开始了解多维空间的,因此,这证明可能早在尼克松时代,友善的外太空星际旅行者就造访过好莱坞并将这些信息告诉了一些当时的地球人。

当然,1977 年坐在影院观看《星球大战》(后来被改名为《星球大战 4:新希望》)的任何一位观众都会发现,影片中的太空战场景是根据 30 年前

181

二战空战的场景进行设计的（特别是战斗机对战轰炸机的场景）。这些场景是否为真实的并不重要——1977年的观众受到过各种新闻短片和战争电影的"洗礼"，因此他们接受起来并不困难，他们观赏的兴趣也不会受到现实中常见的质疑情绪的影响。此外，影片还有着出色的视觉效果——要知道，现实中的太空战（以及诸多空战）其实看起来非常乏味，缺乏视觉刺激。

3000年后的人们可能会这么看。那时的艺术史学家和相信UFO存在的人会达成一个重要共识：这些影像文物并非偶然出现在那个地方的，其描绘的画面和放置的地点都是经过精心安排及慎重决定的结果。相信UFO存在的人会认为，当时的人们之所以做出这些决定，是为了将一些"禁忌知识"保存和隐藏起来。而艺术史学家则相信，这样做是为了满足那些愿意相信它们的人。

这也同样适用于下文所举的这些例子。

33

圣母与 UFO？

《新生的耶稣与幼年时的施洗者圣约翰》，绘于15世纪晚期，有人将其看作是一幅描绘了飞碟的作品，也有人认为这只是一幅能体现文艺复兴时期注重宗教元素传统的作品而已。维基百科公共领域材料。

一些UFO信奉者将这幅画称作是能证明UFO存在的"确凿证据"。如果飞碟真的存在、而非只是现代媒体丰富想象的产物，那么早在1947年大众媒体掀起UFO热之前，几个世纪以来的人们应该曾多次在天空中看到它们，艺术家们也应该有机会目睹并将其画下来。

我们可以看看这幅《新生的耶稣与幼年时的施洗者圣约翰》，有时也被称作《圣母、圣婴与幼年时代的施洗者圣约翰》，作者是塞巴斯蒂安诺·纳尔迪（1460~1513年）。这是一幅直径为90厘米的圆形油画，放置在意大利佛罗伦萨的韦奇奥宫。在画作右上方的天空中，有一个近似飞碟的东西——或者至少是某种空中物体、而非云朵。（坦率地讲，初看上去，有点像从鱼的视角看到的有桨帆船的船体。）在画作右下方的陆地上站着两个人（其中一个很难看清），旁边还有条狗，他们似乎在对着那个空中物体做某种动作，所以这个空中物体应该不是水、墨污渍。

显然，在这幅画作绘制的时代，碟状飞行物是属于比较常见的景象，因此这位艺术家也将一个飞碟画进自己的作品中，来填充画面的布景。

答案似乎水落石出了，飞碟是真实存在的。

但如果你仔细读过上文，可能存有疑惑：是不是还有其他的解释。没错，你猜对了。

首先，你可能注意到这幅画的主题是耶稣的诞生（从该画的名称就可看出），婴儿期的耶稣出现在画上，在圣母的右侧（你的左侧）。另一个幼儿（站立着的）是耶稣的族人，施洗者约翰，按照《圣经》的讲述，他比耶稣大6个月。根据《新约》的记载，他俩在童年时期并没有见过面，不过在某些《伪经》或教堂的传说中幼年期的他们曾相遇过。

你可能也注意到了《新约·路加福音》2:8-20福音书中的内容。它讲述了在耶稣诞生的那天夜晚，伯利恒的牧羊人们正在看管羊群，遇到了一位传递耶稣诞生消息的天使。这个天使闪耀着光芒，令他们感到无比恐慌。在传递完消息并准备离开前，这个天使旁边出现了天象及一位小天使唱起称颂上帝及大地和平的赞歌。

所以，在圣母的左侧（你的右侧），你会看到远处山上有两个人，旁边是一条狗和一群很难看清的牧群，从这你可以看出，这两人是牧羊人。他们正对天空中放射着金光（金色点状线条）的某样东西而感到惊奇万分。这并不难理解，画家所要表现的是天使与天象。

与此同时，在圣母右侧（你的左侧）的天空上画有圣诞星，在《新约》中这表明耶稣的诞生。在其下方还有 3 颗小一点的星星，虽然这在《圣经》中并无相应记载，但显然代表着圣母玛利亚的三重纯洁，即圣灵感孕之前、之间和之后的纯洁。

最后，你会发现你看到的是一幅相当标准的耶稣诞生图景，图上耶稣躺在圣母的右侧，而左侧则是惊恐的牧羊人（至少有一位）。与其他耶稣诞生画作不同的是图上还多了一个人，即圣母右侧的幼儿期圣约翰。在那一时代，由教堂或城镇资助的创作中，画家常常会在耶稣诞生像中加入第三个人，所以我们有理由相信，这幅画应该也是为教堂——某个将圣约翰视为其守护圣徒的教堂——创作的画作。

因此，画作者显然并不是想描绘一个飞碟。当时，画作的每一个视觉元素都需要获得教堂赞助方的认可，如果画家想要得到相应的报酬的话，那么他就必须满足赞助方的要求。与此同时，宗教画作中的各种视觉元素本身也是几个世纪以来基督教符号传统的产物。在这方面，与画家相比，教职人员显然更有可能依循传统、而非别出机杼。在绘制此类作品时，画家个人的艺术表达欲望并不重要，重要的是绘制画作所需的大量金钱，而且宗教主题在当时也太过于重要，不是想改就能改的。即便这位画家确实不乏创新意识和冲动，但在绘制这幅作品时，这些并不相干，因为这就是工作。事实上，那个时代的艺术家们可能根本就不知道什么叫表现个人艺术情感。（当然，他们应该有个人的艺术衡量标准，因为他们确实注重高超的"技术"标准。）

基本上，如果教职人员希望画家画一幅有关飞碟的画像，那么他们应该会给予画家相应的授权，最终成品中所展示的飞碟不会像这幅画中的"飞碟"一样显得那么模糊和难以确定。在过去的几百年中，教堂资助的画作中曾以多种巧妙方式展示过女巫、瘟疫、蛮族入侵、地震、饥荒、新教徒、土耳其人以及伽利略。面对外星人问题，他们可能也会组建某个委员会来处理这一挑战。

最后，我们最好再补充一点：目前，我们只能初步判定这幅画的作者可能是纳尔迪。还有资料显示作者是雅各布·德尔·塞利奥（1441～1493年），或可能是托德·米勒。这些人都画过类似圣母主题的画作，画中会将耶稣置于圣母的右侧，而施洗者圣约翰则并不一定总会出现。通常，他们的画中也会有一些牧群，因为耶稣诞生在一个谷仓之中，然后也会在画的背景上画着牧羊人放牧的场景。这些画作就像采用了同样的"脚本"一样——事实上也确实如此。

但是这些画家有一点比不上纳尔迪：他有一个叫多米尼克·基尔兰达约（1449～1494年）的连襟，后者则有一个鼎鼎大名的学生，即米开朗琪罗。我们就继续假设这幅画的作者是纳尔迪吧。

34

1710年的飞碟?

在这幅1710年完成的荷兰油画《救世主受洗》（油彩、帆布画）中，似乎出现了一个飞碟，不少人认为这一形象并不是从《圣经》中对基督接受洗礼的描述中衍生出来的。该画作者为阿特·德·吉尔德（1645～1727年），现藏于英国剑桥大学菲茨威廉博物馆。经许可使用本图。

"飞碟"这个词源自1947年的一则新闻报道，当时一位乘坐私人飞机的商人在飞经雷尼尔山附近时称在天空上看到了"飞翔的碟子"。如今，这个词已成为UFO的代名词，尤其特指那种友善外星生物乘坐的飞行器。（为什么这类飞船的外形是碟状，而非球状、齐柏林飞艇状或法拉利式的流线型，这是未知之谜。）

　　那么如果一个飞碟出现在237年前（1710年）绘制的48厘米×37厘米的油画《救世主受洗》上，那真是够吸引眼球的。这幅画的作者是一位荷兰人，名叫阿特·德·吉尔德，是伦勃朗的学生。目前它被收藏在英国剑桥大学的菲茨威廉博物馆，画中最惊人之处在于天空中有一个扁圆形物体，向下投射着光柱照亮了画面中心的人物（从画作的名称看，应该是耶稣和施洗者圣约翰）。

　　对此我们有两种不同的诠释：

- 画家描绘的是他亲眼目睹的一起事件，并将其融入到这幅与之风马牛不相及的画作中。显然，在1710年及之前的那个时代，飞碟是天空中常见的东西，它们在历史资料或艺术品中的出现表明它们确实是真实存在的物体，而非人们长期受现代摇滚乐文化和科幻作品影响潜意识产生或创造的物体。如果它们是真实存在的，并在几个世纪中不断出现在天空中，那么，它们肯定是由友善的外太空生物所驾驶的。
- 这幅画中的"飞碟"是西方宗教艺术和符号学传统中的一种象征性图案。只有那些长期受现代摇滚乐和科幻作品影响的人才会把它看作是类似UFO的飞行物。

我们先来看看第一种诠释。首先,我们需要了解吉尔德这个人,看看他是否有可能曾受到过飞碟的影响。吉尔德住在荷兰的多德雷赫特。与他的老师伦勃朗不同,他喜欢使用更明亮的颜色。他还是擅长使用明暗对照绘画法的大师。对于那些创作于文艺复兴时期并采用了这种画法的荷兰画作,人们的第一印象是它们往往注重去除"人为"光线。其典型的情况是,画家会利用室内或其他场景中有限的可见光来勾勒画作中主要人物的脸庞,而画中的其他事物则会依次光亮程度递减,并最终融入灰暗的背景之中。不过,这种绘画技巧也会让画中的人与物呈现出立体的效果,同时有助于凸显被照亮的物体。

事实上,吉尔德的大多数作品描绘的都是室内场景,并以一支蜡烛的亮度作为光源亮度,这是伦勃朗的成名绝技。坦率地说,这种画作几乎没有多少空间可以绘上飞碟。吉尔德的另一幅名作《通向墓地之路》描绘的是室外场景,画中有大片的天空,但是天空中除了阴云外什么也没有。所以,没有多少证据能证明他会想画一个飞碟。

如果飞碟当时的确悬浮在空中,那么吉尔德显然不会是唯一的目击者。他所活跃的时代并非是老死不相往来、世界之事与我无关的时代,更不是缺乏史料的史前时代,事实上,当时的荷兰和欧洲大部分国家都有组织严密的中央政府,这些政府也都运营着许多报纸。荷兰和英国还有庞大的舰队,彼此间进行过一系列海战,后来又结盟对抗西班牙。出于对天气的关注和航海的要求,荷英等国十分关注天空,如果天上真出现飞碟的话,那么肯定会引发政府的高度关注并(至少)会就此发表评论。

而自那一时代留存下来的无数政府文献却并无此类报告。当然,可能政府审查并掩盖了相关报道,但是,这需要所有政府都不约而同地掩盖此类报道,而实际上一些国家之间是相互敌对的。

即便有某个异常强大的实体有能力清除各国政府及敌对国政府的资料档案,但当时依然存在许多不可能被政府或该实体发现的私人资料记录存在。例如,当时有一位英国海军官员(萨缪尔·佩皮斯)曾用密码来写日记,直到他死后的一个多世纪,才有人破解了这一密码并将其日记出版发行。这份日记详细、露骨地记述了一些私通性行为。如果天空中曾出现过某样引发人们极大关注的东西,佩皮斯肯定会毫不犹豫地在日记中提及。他在日记中确实没有提及过这类东西,他的主要关注点依然放在提防妻子发现他与家中女仆私通一事上。

所以,如果当时有很多人都目睹了 UFO 到访的话,那么这一时期不可能只有这么一件画作或证据证明它的存在。

然而这幅画中确实画着一个像飞碟的东西。如果它不是飞碟,那它是什么?

这将我们引向第二种诠释,即这一物体是基督教艺术传统中的一种象征性图案。如果仔细看那个"飞碟",我们可以看到其中心部位有一个小小的白色斑点。仔细观察,你会发现那实际上是一只白色的鸟,很像鸽子。

这又将我们引向了《新约·圣约翰福音书》1:32,这段文字描绘了施洗者圣约翰给耶稣洗礼的场景,而圣约翰看到圣灵"宛如一只来自天堂的鸽子"降临到耶稣身上。

这幅画的名字就叫《救世主受洗》。从《圣经》的描述看,画家在场景中画上一只鸽子似乎天经地义,合情合理。

为什么会有一个明亮的圆环出现在鸽子四周阴云密布的天空?这更难解释。这个圆环是通过明暗对比而勾勒出来的,并正向地面发射出几道光束。事实上,这种天空中金色的圆环也出现在其他许多教堂画家的画中,代表着神圣的存在。鉴于其射下来的光束是为了照亮画中的主要人物,也许这位画家是想表现出光束的强度足够穿透天空的阴云并照射到主要人物身上,顺便照亮天上的那只鸽子。

从另一方面来看,不少涉及施洗者圣约翰的画作往往是由某位碰巧叫约翰的富裕教民出资请人绘制并送给某个特定教堂的礼物。而且,画中如绘有人群,则人群中往往会有某人看起来很像画作的出资人,而出资人往往对画作的内容有很大的发言权。在吉尔德这幅画作中的人群里并没有此类人，这表明，画家对这一场景的描绘可能完全出于自己艺术创作和自我表达的需要。如果你非要认为吉尔德是在用这种布景和这种方法来刻画天空中的某样东西，那你就这么认为好了。但是，你同样可以说，他是力图在一种室外环境中用明暗对照画法绘制这幅画作。

与此同时，那些喜欢浏览 UFO 同好者网站的人可能会看到这幅画的另外一个版本，这一版本中光圈射下来的光束要比吉尔德画作中的光束更加显眼。在吉尔德的原作中，其重心是放在中心位置的耶稣和圣约翰身上的，画中其他元素都是"陪衬"（包括那些光束）。而在网上的那个版本中，光束成为主要焦点。

看起来，现代个人电脑有了一个科幻作品没有预见到的功能，即涂改经典名作。

该说的都说了，该做的也都做了，不论如何，那个像"飞碟"的东西就在那里。你可以盯着它看，也可以看其他你喜欢看的。如果你非要把它看成飞碟，那就当它是飞碟好了。如果你看到的是鸽子和一个《新约》故事，那它就是鸽子和《新约》故事。如果说一件优秀艺术作品的价值就在于它能有多种诠释的话，那么这件作品显然符合这一标准。

但是，这件作品可能的确并不能表明吉尔德所生活时代荷兰天空的真实场景。

1428 年的《独立日》?

这幅中世纪的油画似乎显示出铺天盖地的飞碟正袭向罗马。或者说,这幅画只是为了展示一个奇迹——根据当地的传说,正是这一奇迹为古代的罗马凭空创造出一座大教堂。维基百科公共领域材料。

好莱坞大片《独立日》抢在 1996 年 7 月 4 日（美国独立日）这一时间节点上映，票房表现正如预期一路飘红，并成为当年最卖座的影片。宏大的场面给观众以深深的震撼，片中，驾驶着巨大飞碟、满怀敌意的外星人将一个又一个城市轰成废墟，企图首先消灭人类，然后再掠夺地球的资源。这些外星飞船盘旋在都市上空，用激光武器轰击城市建筑，制造出一片又一片的气流和灰尘（被称为火成碎屑流）。这些大飞碟还释放出无数小飞碟（也是灰色的）用于防御和进攻。人类陷入绝境，最终，主角们找到了反攻的办法，并于 7 月 4 日美国独立日发起了反攻。

在中世纪的一幅画中，也描绘过类似的场景，画中有一艘大型灰色碟状飞船盘旋在罗马上空，周围是密密麻麻的小型护卫飞碟，这就是绘制于 1428 年的《雪之奇迹》。该画尺寸为 144 厘米 ×76 厘米，以油画和蛋彩画画法绘制在木板上，作者为马索利诺·达帕尼卡尔（1383～1447 年）（这个名字的意思是"来自帕尼卡尔的托米"，其真正的名字是托马索·克里斯托弗·菲尼）。该画现藏于意大利那不勒斯的迪卡波迪蒙特博物馆，最初为圣母玛利亚大教堂（位于如今的罗马市中心）祭坛油画的一部分。

按照官方的说法，这幅呆板、正统的画作（也被称为《圣母玛利亚大教堂的奠基》）描绘的是一个奇迹，即圣母玛利亚大教堂（该教堂是罗马所有圣母玛利亚教堂当中最大的一座，并因此而得名）的建造奇迹。根据传说，公元 358 年 8 月 4 日至 8 日，当地的一些人（包括教皇）在夜晚做了同样一个梦，梦中圣母玛利亚向他们传递了一个信息，希望人们能在罗马以她之名建造一座教堂，她会以降雪的方式标示出建造教堂的地点。在梦到这一场景的人中有一对富有的夫妇，他们没有子女，因而向圣母祈祷赐给他们一个孩子。于是有人建议他们花钱为圣母建造一座教堂。

尽管当时是炎炎夏日，但在 8 月 5 日清晨，一场雪降临在埃斯奎林山顶。落在地上的雪形成了一座教堂的轮廓，直到人们沿着雪线轮廓将木桩钉在地上标示出教堂外形之后，雪才渐渐化去。（埃斯奎林山是罗马最初建城时的 7 座山中的一座，位于城中心东北侧，是个时尚的城区。）

教会的史料记载直言不讳地表明，这个传说在教堂建成 1000 年后才开始出现，不过，这并没有影响人们在每年 8 月 5 日举行盛大纪念活动的热情。为了纪念那场雪，人们还会从教堂的圆顶上往下抛洒白玫瑰的花瓣。

在这幅画作中，这场雪已经落下，地面上的人们正在目睹这一奇迹。画面显示耶稣和圣母站在云端，而在下方，教皇和其他显贵则凝望着这场雪所形成的教堂轮廓。前排那个拿着锄头、带着教皇冠的人就是教皇。

在天堂和大地的正中间位置有一团乌云（不太会让人感觉像是要下雪的样子），这片云呈镜片状，边缘整齐，底部几乎是平的，而顶部则略显蓬松。这是一片主要的云团，后面还有大约 30 片较小的云团。这些云团看起来似乎大小相同，一直延伸到远方。（但是，远方应该没有下雪，只有近景的这片土地上下了雪。）或者，这些云团只是漂浮在大云团下方的小云团。

基本上，这些云团的画风并不是特别写实，但鉴于画中人物的画风显得比较呆板及程式化，那么我们可以假定作者在绘制云团时也采用了同样的画风。不管怎么说，显然这幅画的主题并不是云团，而是地上的人和天堂的神。这些云出现在画面中看起来主要是为了将天堂和人间分隔开。地面上的人有 20 多个，只有一个人（画面的右侧）在抬头看云。（由于对画作进行了修复的缘故，人群中有两个人看起来好像没头一样。）还有两个人在对话，而其他人的关注点则都集中在地面上的雪。

事实上，并不是只有这幅画描绘过"我们的雪女士"传说，其他一些教堂艺术家也曾描绘过这一主题，不过他们往往会以更为写实的画风去绘制浓浓的乌云，而非像达帕尼卡尔一样把云画成 UFO 的形状。

最后，罗马依然存在，显然并没有在公元 358 年 8 月 5 日被悬浮在空中的 UFO 轰成烟云笼罩的废墟。所以，这幅 1428 年画作中的 UFO 和 1996 年《独立日》中的飞碟如此相像，只能说是一种巧合。

所有这些都证明这幅画反映的就是其表达的主题：描绘了传说中的那场雪。但是这个传说又是从何而来的呢？会是为了纪念那些曾经几乎被人遗忘的 UFO 造访地球的场景吗？

也许，有关这场雪的传说与 UFO 并没有什么关联，因为它所强调的是夏日降雪的奇迹，此后经过历代加工终于创造出这个传说。雪的形状并不是重点，下雪本身才是奇迹，云团并不是必需的。如果飞碟状的星际飞行器——有着灰暗冰冷的外壳从而让人联想到雪——真的曾造访过地球，那么这一事件不可能只反映在一幅画中，尤其是这个传说出现在这一降雪"事件"发生的 1000 年后。

或者，这些碟状物体是达帕尼卡尔根据在其他地方目睹的空中景象而绘制或加工的？与其说这些形象与飞碟有关，不如说它们与达帕尼卡尔个人的经历有关，后者显得更为合理可信一些，因为人们知道他曾四处旅行并远至匈牙利，所以他可能曾在天空中看到过一些与其同时代的其他意大利艺术家所没有看到过的景象。他还有一些存世的作品（至少部分可以在网上找到）描绘的都是室内场景，所以圣母玛利亚大教堂祭坛的这幅画可能是他唯一一幅能将其所见绘制出来的画作。公平地说，没人能证明这是真的（可能永远也无法证明），但你也没法证明这不是真的。

非常遗憾的是，达帕尼卡尔没能看到《独立日》这场电影——显然，他肯定会喜欢这部影片的视觉特效的。

36

1486 年的激光？

在这幅标明了绘制日期的作品中似乎出现了一架飞碟，正用一道激光束瞄准了一位年轻女子。或者说，它所展示的是一个添加了某些城镇主题的《圣经》故事。维基百科公共领域材料。

一架飞碟从云中探出身来并发射了一道激光束，光束穿透一幢文艺复兴时期的意大利建筑并照在了一位年轻女子的头上。这儿说的并不是科幻小说，而是一幅由卡罗·克里维利创作的207厘米×147厘米油画——《天使报喜与圣艾米狄修斯》，现存于伦敦国家美术馆。

乍看上去这幅画就是上文所说的情景。仔细看下去，你会发现画中讲述了很多东西，虽然飞碟出现在这样一幅场景中似乎也说得过去，但你还是会质疑最初得出的结论。再深入研究下去，最终，你会怀疑这是否真的是一架飞碟。

"报喜"指的是《新约》中的一个故事，一位天使（通常被认为是大天使加百利）告诉圣母玛利亚，她将奇迹般诞下一位儿子，名叫耶稣。玛利亚相信了。这个故事记载于《马可福音》1:28～38中，戏剧化的场景和情节为画家们提供了源源不断的创作灵感。（如果你对这个故事不太熟悉，也许你会记得在《马太福音》中看到过类似的描述——玛利亚的未婚夫约瑟夫在梦中也接到了天使的天启。请参看《马太福音》1:18～21。）

因为耶稣被认为是在12月的圣诞节时降临人间，那么"报喜"就应该发生在9个月前，大约在春分时刻，一般是在3月25日左右。春分也是一些旧历中一年开始的时刻。这一天被定为"天使报喜日"，庆祝日的确切日期需要通过多种方法计算得出。

在1486年的"天使报喜日"时，属意大利中东部教皇国管辖的阿斯科利皮切罗小镇被教皇西斯廷四世授予了部分自治权，这位教皇以建造了西斯廷大教堂而闻名（后世一位教皇尤里乌斯二世认为该教堂的穹顶没有壁画、看起来很乏味，因而聘请米开朗琪罗绘制了一幅穹顶画）。此后，"天使报喜日"也成为该镇的自治纪念日。

在创作这幅画作的时候（1486年），画家卡罗·克里维利（1430～1494年）正居住在阿斯科利皮切罗小镇。他出生于海港城市威尼斯，1457年时，因与一位水手的妻子通奸而遭遇了6个月的牢狱之灾，出狱后，他离开威尼斯，搬到斯科利皮切罗小镇居住。没有了感情和法律方面的困扰，他全心投入绘画并成为一位成功的祭坛画画家。1486年，为庆祝"天使报喜日"和斯科利皮切罗自治纪念日这个双重节日，当地聘请他绘制一幅油画。最终成品就是这副充满了各种高度复杂元素的油画作品。作者以高水平的精细度将大量艺术形象和元素"塞满"了整个画作。这也许是为了表达两重主题，一个是宗教主题，一个是城镇主题（好吧，如果把UFO也算进去，应该是三重主题）。

宗教主题的核心是圣母玛利亚，在画作的右下方，她正虔诚地跪在跪凳上诵经。摆在她面前的那本经书应该是《旧约》，因为根据《以赛亚书》7:14的记载，她常常诵读《旧约》中的相关预言。她旁边的架子上放着一些织物，这可能暗指某个传说（非《圣经》记载）——她是在耶路撒冷的神庙中长大并以缝制教士长袍为生。

一只鸽子带着一束光降临到她的头上（在她头上的光环之外）。传统上，鸽子带着光束代表着她以处女之身圣灵感孕（圣父、圣子、圣灵构成了基督教中上帝的"三位一体"）。有意思的是，在许多画作（包括这幅画）中，照向她的光束往往会呈一定角度斜射下来，而非垂直射下来，其原因我们并不清楚，可能只是因为这看起来更好一些。她所在房间的采光与室外一样好，意指以信仰之光照亮周围并驱逐黑暗。

在她前方有一扇带有栏杆的窗户，朝向大街。街上则是大天使加百利，有传统形象中的翅膀和光环。他似乎正凝望着圣母玛利亚，但没有开口说话，看起来像是因为不在说话的距离之内。他手中擎着白色的花朵，象征着纯洁，也暗示出所有这些发生在春天。（地上的黄瓜和苹果毫无疑问也有某种寓意，但目前已很难知晓。）

再看城镇主题：那个靠向天使肩膀、好像力图吸引其注意力的人是圣艾米狄修斯。在传统方式中，如果要表现圣徒是某一地的保护神和庇护者，画家一般会让他或她手持该地的比例模型。在该画中，圣艾米狄修斯事实上也捧着该地城镇的模型，并表现出似乎希望这位天使认同的模样。天使并没有太关注他，只举起了一只手做祝福状，也许是在给那个城镇赐福，也许是给玛利亚祝福，或二者皆有。(或者，他只是示意圣艾米狄修斯不要在这一重要时刻挡道。不管怎么说，真正的艺术品应该是能包容多种诠释方式的。)

城镇的主题在画作底部的铭文中也有体现：LIBERTAS ECCLESIASTICA（意为教堂的自由），这一行还显示出教皇和本地主教袍子的袖子。在这一行上面，在左侧房屋柱子的底部，有作者卡罗·克里维利的题名，右侧的柱子上则标有日期。

圣艾米狄修斯也被称为圣艾米格迪斯，这表明他是德国人。他曾当过信仰疗法术士和主教，后来成为基督教的殉道者。在约公元309年，他因拒绝参加官方祭拜，而在阿斯科利皮切罗小镇被身为异教徒的罗马帝国总督砍去头颅。然而他并没有倒下，而是捡起自己的头颅，走到附近的山上，建造了一座屹立至今的教堂。(在该画中，他似乎没有受伤，这可能表明他的职业依然是信仰疗法术士。)传说中，作为本地的保护神，他曾成功庇护当地民众抵御住409年西哥特人的野蛮入侵、1038年的瘟疫、自1703年以来的多次地震，以及1943年德国军队的劫掠。他的纪念日是8月5日。

所以，很显然，这幅画作是一个大杂烩，将许多不相干、甚至相互冲突的元素杂糅在了一起。圣艾米狄修斯生活的年代比"天使报喜日"形成的年代晚3个世纪，而且天使报喜发生在圣地，距离意大利阿斯科利皮切罗小镇非常遥远，天使报喜的时间也比公元1486年还早1486年。《新约》(及其他资料)中并没有关于圣母或大天使加百利造访阿斯科利皮切罗的记载。事实上，《新约》根本就不曾提到过阿斯科利皮切罗的名字，也没有提到过圣艾米狄修斯(或其他人)出现在天使报喜日场景中。

同样明显的是，虔诚的天主教神职人员和委托克里维利作画的本地人士肯定知道这幅画作是"大杂烩"，然而他们却不在乎——他们希望克里维利画一幅庆祝本地自治日和"天使报喜日"双重节庆的画作,而克里维利就交出了这样的作品。这令很人奇怪,要知道,在那个时代,任何敢提出类似想法的人都会被扣上渎神的大帽子;在1486年,敢提出太多问题的人甚至会被绑到火刑架上烧死。

既然这么惊世骇俗的"大杂烩"场面都可能存在,那么第三个主题也算不上有多出格了。是的,在画作的左上侧出现了飞碟,发射出一道激光,激光巧妙地穿过墙上的通风口照射在圣母身上。

不过,仔细观察研读又会将我们引回到前两个主题上,因为仔细分析第三个主题(UFO),你会发现其实那儿并不存在UFO。只是因为那道激光一样的光束似乎是从某个漂浮在左上侧云中的碟状物体发射出来的,所以令人产生这种误解。但是,如前所述,光束事实上是圣灵感孕的一种传统表现方式——那只鸽子就说明了这一点。不得不承认,巧妙地设置一个通风口、好让光束照在圣母的身上看似有创意,实则完全没必要,令人惊奇的是,这幅画作的资助人竟然同意了克里维利这么去设计。他们认为,玛利亚是该待在安全的室内,而大天使和"阴暗的"圣灵则应被放置在屋外,这样圣艾米狄修斯才能努力吸引他们的注意。

然后就剩下所谓的飞碟问题了。在分辨率低的情况下,它看起来像是云中一个散发着光芒的圆形物体。但提高分辨率后,你会发现它是一团闪着光芒的云团,四周是由天使构成的两个同心圆。天使们的脸和他们的部分光环清晰可见。

换句话说,这个"飞碟"是由天使们形成的涡旋,教堂的艺术作品常以此来代表上帝的存在。这一形象并非完全来自《圣经》,但在但丁的《天堂篇》(《神曲》31)中曾出现过。

所以,我们最后会发现,这些都是宗教的意象。克里维利只是在忠实地按照其主顾的心意去绘制画作,而不是为了向我们展示1486年的天空中曾发生过什么。如果不仔细观察和研究这幅画作的内容及背后典故的话,你就很容易犯这种想当然的错误。

37

1350年的UFO？

在这幅1350年绘于科索沃一座修道院穹顶的壁画中，其左上角和右上角各有一个飞行物，这可能表明该画的艺术家们曾看到过UFO。或者，这表明艺术家们只是在遵循着存在已久的宗教绘画传统。图片由美国BLAGO基金会提供。

它们位于基督十字架的两边、图景的边缘，看起来像是疾驰的小型载人太空船。有些人称其为UFO，但也可以说它们看起来很像美国太空计划初期的水星航天器，这种航天器的一端有一个圆形的隔热罩。（壁画中的"宇航员们"似乎飞错了方向；而且，水星航天器的舱尾是方形的，而非锥形的。）事实上，人们开始了解水星航天器的时间是在1965年左右，当时，美国的"水星项目"开始占据媒体报道的大幅版面。

但问题是，这些像水星航天器的东西早在600多年前——约在1335～1350年之间——就出现在一幅壁画上。它记录的是UFO在中世纪时的一次造访？还是说它预见到了"水星计划"？

或者说，这又是那个"机车肺"老笑话的一个例子？"机车肺"指的是一种肺病，患者发出的声音听起来像蒸汽机车的嘶鸣声，奇怪之处在于，这种病症在1830年（也就是蒸汽机车出现的年代）之前或1950年（柴油机取代了蒸汽机）之后从未听说过。这当中一定有原因……

这些像太空舱的图案属于那幅修道院壁画的一部分，这个修道院就是塞尔维亚的维索基·德卡尼东正教修道院，位于科索沃西部群山环绕的山谷中，佩克城的南部，离阿尔巴尼亚边境不远，被认为是科索沃保存最为完好的一座中世纪修道院。除此之外，这座修道院还因为是塞尔维亚国王斯特凡·乌罗什三世的墓地——以及在修道院耶稣受难图壁画中出现UFO身影——而出名。修道院的这幅壁画几乎覆盖了所有的墙壁，其中UFO的那部分出现在第三层、第二部分穹顶的内墙壁上。

其中一个UFO位于耶稣受难图场景的右上角，基本呈银色，里面有一个人，留着长发，可能是女性，回首望向钉着耶稣的十字架，给人的感觉是这个飞行器正在飞离十字架。

另一个 UFO 在画的左上角，基本为红色，里面有一个留着短发、穿着斗篷的人，可能是男性，他正直直地望向十字架，给人感觉是这个飞行器正飞向十字架。

这就是 UFO 的信徒们与艺术史学家产生分歧的地方。对于 UFO 信徒来说，这些物体是对空中不明飞行物的描述，不论是现在还是在 1350 年。显然，它们被中世纪塞尔维亚的艺术家们绘到自己的作品里去了，这些艺术家只是将自己在天空中看到的东西忠实地描绘下来，并没有意识到这样的东西会在后来遭到政府等有意识的封锁或掩盖。

在艺术史学家看来，它们只不过是拜占庭和中世纪教会充满艺术性的图画标识和符号传统的一部分，是描绘耶稣受难时常用的图案。它们代表着太阳（红色）和月亮（银色）。通常（但并不总是），太阳会被放在基督的右侧（你的左侧），而月亮会被放在另一侧。如果涉及到性别，则太阳是男性，月亮是女性。不过，一般它们看起来更像是有着面孔的天体，而非水星舱。

加入太阳和月亮的形象应该寓指《马太福音》、《马可福音》和《路加福音》，这些福音书称，在耶稣受难时，黑暗在中午到下午 3 点之间就笼罩了人间。也许这就是为什么要把太阳和月亮描绘成运动的样子——意指明暗的改变。它们也可被看作是指代《旧约》与《新约》，意指只有通过后者（向内飞的那个物体，太阳或《新约》）撒下的光芒，才能真正理解前者（向外飞的那个物体，月亮或《旧约》）。此外，至少从罗马时代开始，人们就已经开始使用太阳的形象来表明天堂关注着某个人或某件事。

这些图案的其他涵义——右侧红色男性的图案代表太阳、左侧银色女性的形象代表月亮——仍有待进一步解读，但毫无疑问，它们显然源自古代的某些传统。这些精细形象的使用表明授权画家绘制这些壁画的教职人员对细节和准确度（建立在完备严格的宗教画传统上）等有着严格的要求，所有形象不可能是无意被绘在壁画上的。画家们站在由国王资助建造的圆形大厅的脚手架上绘制壁画可不是为了表达自己的艺术理念，而是为了满足出钱主顾的需求。悄悄地在壁画的角落加上两个 UFO、好让后世的人知道他们曾经见过这些东西，这种情况是不可能发生的。

当然，也许这些物体是当时天空中很常见的东西，画家们在绘制任何户外场景时都会顺手把它们加进自己的画作中。然而，事实情况是，这样的物体只出现在这幅耶稣受难图中，而且从某些方面说更像是依循绘画传统而为。

如果它们指代的是真实的物体，那么你不得不承认它们看起来并不怎么像真实存在的东西。如果它们是太空船，那这种太空船不但是完全透明的，还只能装一名乘客，即便装一个人也显得有点挤。此外，船上的乘客穿的也是普通的衣服。（事实上，那个被认为是女性的乘客显然是光着上身的，只不过羞涩地背对着观众。）如果说真正的太空船有降落在中世纪科索沃地区的习惯，那么显然，其宇航员们穿的衣服不应该是这样的。

所以，即便是 UFO 真正的信徒们可能也不得不承认，这两个物体不可能是对天空中某些实物的真实写照和逼真模画。如果说它们是拜占庭传统中的寓意性形象，那么它们也只是粗糙的简略图，以表明一个人是处在天空中一个锥形物体的内部。

我们再回到"水星项目"，这个项目中的飞行器与壁画中飞行物的比例几乎是相同的（根据乘客与空间飞行器的比例）。但这又让我们想起了"机车肺"笑话。水星航天器的分离舱无法进行任何太空飞行，只能完成低轨道运行和再入大气层飞行，更不要提什么星际旅行了。但在 1936 年，它们可是被看作太空旅行的标志。同样，在 120 年间，蒸汽机车发出的嘶鸣声成了某种肺部疾病的代名词。此后我们一直在进步，有了更好的飞行器，有了更先进的机车，如今，我们必须说服自己：壁画中的物体应该是航天器。

基本上，我们不知道星际旅行所需的硬件设备到底是什么样——但是有可能看起来不会像我们当前使用的任何东西。当我们力图研发某项技术或装备的时候，我们可以回过头去看看早期的画家是否已经看到了这些技术或装备未来的模样。如果未来某一天我们后代发现这些技术或装备真的是这样的话，那么其创造者或完善者真应该对这些画家表示感谢。

甭管这是玩笑还是说真的，我们必须依赖的仍是逻辑。

Out Of Place in Time and Space

天文学上的"未卜先知"

称某个天体不在应在的位置（不论是在时间上还是空间上），这显然过于狂妄自大了。毕竟，它就在那里。控制其运动轨迹及其他行为的物理法则始终真实存在且极为精准。人类发射的太空探测器确证了它及相关物理法则的存在。至于该天体是如何处于其现在所在的位置的，科学家们提出了诸多科学理论，详细解释其整个形成及运动过程（往往会追溯到"宇宙大爆炸"时期，甚至更早的时期）。一百多年来，人们一直在抱怨（或对此沾沾自喜），科学取代了上帝存在的必要性（除了在博彩或"宇宙撞球"游戏等上可能会祈求上帝的帮助）。

抱歉——真正的自大是连眼都不眨就接受了上一段的观点。几千年来，我们凝望着星空却对它知之甚少，到今天可能要好点，但对其所知也只停留于表面。与此同时，对于宇宙的本质，我们所能拼凑起来的有限了解与我们日常的经验完全不相符。对其视而不见或否定这种差异的存在不仅能让我们活得舒服点，而且我们可能也这么去做。

举一个小例子：如果你早晨起来得够早，你就可能看到太阳从东方升起，它金色的光芒驱赶走了天际的黑暗，让漆黑的夜空逐渐转为淡蓝。然而事实上，太阳并不会升起——是我们所在的地球自转，从而让太阳出现在我们面前。你其实是知道这点的（希望吧），但是太阳升起的壮观情景令人印象如此深刻，往往会让人下意识地忘掉那些科学道理。其实也没有必要非得从科学角度看待日出，又没人会误解你的意思，也不会有人怪你在误导他们。事实上，如果你固执地指出我们脚下的地球是转动的，或者在别人谈到日出问题时纠正他们，别人未必会给你好脸色。

换言之，对于这样的乏味话题，我们最好还是选择无视某些信息，无需争辩、干脆利落地接受了就行。要把这些问题解释清楚需要太多相关信息，其中一些还会引起人们的不安。想的越多，烦恼就越多。对于我们绝大多数人来说，天体物理学完全是不合时宜的。

事实证明，我们对太阳系一些天体或天文现象的看法一直以来完全建立在这种无视那些令人不安信息的基础之上。我们以为它们不应该是这样的，可它们却的的确确是这样的，要想去深究只会让我们感到不痛快。对于宇宙和天体学，我们普通人往往只喜欢看到简明易懂的解释，从这个角度看，太阳系中这些奇怪的天体或天文现象也是不合时宜的。

第一个就是土卫八，土星的主要卫星。它离土星最远，轨道也最为倾斜。300 年前当天文学家首次发现其存在时，它似乎总是在与他们玩躲猫猫游戏。天文学家们决定无视这个事实，认为最终会有一个合理的理论来解释这种现象。自此土卫八就被蒙上了一层神秘的面纱，后来，围绕着它人们又掌握了一些新的、令人费解、令人吃惊的信息，似乎暗示着土卫八周围真的有一些奇怪的事情发生。土卫八的奇特和神秘引起了公众极大的好奇，好几百万此前从未听说过它的人（甚至包括不少能说得出所有行星的卫星名称的人）在听说了它的神秘之后都忍不住惊叹或生出敬畏之情。

另一个就是火星的轨道，轨道上有两颗行星。在它们被真正观测到的 150 年前，就引起了人们的关注。是的，在它们被发现之前。这种奇怪之处自然会引起我们的不安、破坏我们内心的平衡。

所以，在我们能够完全接受这些信息之前，在某种程度上否认它们的存在无疑会更好一些。那么，当太阳再一次摆脱了黑暗的束缚、散发着荣光跃起于东方的地平线之际，让我们以无尽的欣喜和激动去迎接它吧。

38

土星神秘的卫星

土卫八以其两半球面巨大的颜色差异而著称，一面较亮，一面几乎暗不可见。同样神秘的是，有一道环绕球体半圈的赤道脊近乎笔直地穿行在黑暗面。图片由美国国家航空航天局、喷气推进实验室、空间科学研究所提供。

任何试图详尽了解各种自然现象的人都有可能会碰到一些令人震惊的难解之谜。不过，在说到土卫八的时候，你不用研究很深就会遇到一些令你震惊的费解之处。土卫八是土星同向运转的卫星中距离土星最遥远的卫星。它直径为914英里，围绕土星运转的半径为220万英里。土卫八直径大到足以形成球体，根据其与土星同向运转来看，它与土星是一道形成的，并且是土星"常规"的卫星（下一部分我们会深入探讨"同向运转"和"常规"卫星的重要性）。与土星其他常规卫星不同，土卫八的轨道倾角非常大，超过了15°。虽然这也很神秘，但我们下面要谈到的难解之谜并不包括它。

土卫八的第一个难解之谜就是，在它刚被发现的时候，观测者们发现它时而存在、时而消失。大型天体通常不会出现这种情况。

土卫八于1671年被意大利—法国天文学先驱吉奥瓦尼·卡西尼首先发现。在计算出其轨道并跟踪了几个月后，卡西尼发现，当它运行到土星的西侧时，可以被观测到，而在运行到土星的东侧时，却又消失不见了。在那个时代，公众仍然比较迷信，例如，在土卫八被发现的20年后，就发生了轰动一时的塞勒姆巫师审判案。但卡西尼是个有科学精神的人，并不相信迷信。他立即推测出土卫八一侧应该是明亮及高反光的，而另一侧为黑暗和不反光的。同时，他还推测土卫八绕土星公转一周期间只进行一次自转，这意味着它的一侧总是面向土星。所以，只有在土卫八的亮面朝向地球的时候，它才能被观测到，这段时间正好是其公转周期的一半。在其他时间，土卫八则是以暗面朝向地球，所以地球上的观测者也就很难从黑暗的太空中发现它的踪迹了。

事实上月球也是如此，由于月球与地球的位置相对固定，所以，有一面总是朝向地球。卡西尼知道，天文望远镜的观测能力将会不断提高，现在无法观测到的目标也许未来用更强大的望远镜就可以被观测到。而且，目前观测不到也并不意味着这类天体就不存在。

基本上，性能更好的天文望远镜可以让你看到更加暗淡的物体，即表面亮度更低的物体。表面亮度指的是从地球观测时一个物体的明亮度，并不表示其实际亮度或绝对亮度——即在其附近观测时所看到的亮度。异常明亮的恒星会因距离地球过远而具有很低的表面亮度，即便实际上其绝对亮度非常高。

在天文学家所使用的天体亮度表中（包含表面亮度和绝对亮度），亮度越暗的天体所得数值就越高。表面亮度为 1 的天体就是一颗异常明亮的星体，而表面亮度为 6 的天体则意味着这是一颗你能在晴朗夜空中用肉眼看到的最黯淡的星体。（在城市夜空中，你可能看不到任何亮度高于 3 的天体，因为背景光源会把更暗的星体给掩盖住。）表面亮度数值高于 6 的天体就需要用望远镜才能观测到。数值越大，对望远镜性能的要求就越高。表面亮度数值低于 0 的天体，则会标以负值。

例如，北极星的表面亮度值为 2，而天狼星为 –14，金星的最高亮度值约为 –5，木星和火星在最亮的时候可以达到 –3，满月的亮度则接近 –13。

当卡西尼在土星西侧发现土卫八的时候，其表面亮度为 10，之后他试图在土星东侧发现土卫八，但都未能成功。此后 30 多年里，他一直相信，只要有足够强大的天文望远镜，他就一定能在土星东侧观测到它。最终，在 1705 年，借助改进后的天文望远镜，他在土星东侧发现了土卫八，但其亮度降低了 2 度，为 12。由于每一级亮度的天体都是比下一级亮度的天体亮 2.5 倍，因此，土卫八明亮一侧的亮度是黑暗一侧亮度的 6 倍——这是根据土卫八两个半球各自的平均亮度值计算出来的。现代观测手段表明，土卫八暗面的亮度与新鲜沥青相当，而亮区的亮度则与北极冰面相当，或者说两者的反射强度差 10 倍。

那么，对于为何土卫八会"忽隐忽现"，卡西尼给出了他的合理解释，但问题依然没有解决，因为我们仍无法解释，这种明暗的差异是由何种机理产生的。同样，为什么在其他卫星没有发现这样的差别呢？

当然，这也许是源自某种沙暴效应，因为土卫八既然有一面总是面朝着土星，那么另一面由于直角回转所以总是朝向轨道。土星有明显的环带，环带中有大量的尘埃和碎片，而土卫八距离环带仅190万英里，因此土卫八的周围可能也有很多尘埃和碎片。

土卫八难以解释的"忽隐忽现"现象令许多作家为之着迷，也对地球的流行文化产生了极大的影响：1968年，阿瑟·C.克拉克发表了小说《2001：漫游太空》（根据其在1951年完成的短片故事《守望永恒》改编而成），书中就描写了人类在土卫八上开展的太空任务。故事讲到，太空探索者在登月探测时发现了一块被埋的巨石，巨石有明显的人造痕迹。在它被挖出来之后，当第一缕阳光照射在它上面时，它向土卫八发出了一道无线电讯号。在历经波折后（飞船上的电脑杀死了飞船上几乎所有船员），唯一幸存下来的宇航员到达土卫八进行勘察，并发现了一扇可以进行星际旅行的"门"。

在这部小说被改编成电影时，土卫八被改成了木星，因为要在银幕上令人信服地展现土星环带太过困难。

人类的确向土卫八发射过飞行器，不过是无人探测飞船。飞船于2007年抵达土卫八，比克拉克小说中描写的时间晚了6年。1997年，美国国家航空航天局、欧洲航天局和意大利航天局也曾联合发射过一枚探测器——"卡西尼"号。该探测器于2004年到达土星轨道，并于2007年与土卫八来了次"擦肩而过"。

正如人们预测的，发回的探测图片显示：土卫八一个半球的很大一部分覆盖着一大块暗斑，有点像蒙上了一层薄薄的烟灰一样。这块暗斑随后被命名为卡西尼暗斑区。土卫八表面的其他地方似乎都被冰覆盖，它们与卡西尼暗斑区的分界线非常突兀，没有任何灰色的"缓冲带"。如果暗斑是由巨大陨石撞击造成的，那么，由于土卫八很有可能会在撞击中发生颤动，因此那片暗斑区的边缘应该会呈现出参差不齐的形状和灰色的交界线。实际存在的突兀分界看起来就像暗黑物质在一次事故——例如一次爆炸——中被突然抛掷在暗斑区域一样。

在卡西尼暗斑区内，沿着土卫八的赤道，有一道看起来坑坑洼洼的山脊，宽约 12 英里，高 8 英里，笔直得像花园的围墙一样。从探测器拍回的照片中可以清晰地看到这道山脊，它令土卫八看起来就像个核桃。山脊没有延伸出暗斑区。（可能有人会迫不及待地声称这道山脊是一个军事要塞，那场制造出暗斑区的大爆炸也炸坏了这个要塞。但我们得说，这道山脊看起来一点都不像人造的。它们看起来就像一道山脊，有多个丘陵，根本不像一堵墙。）

土卫八的形状为椭圆形，两极略扁。考虑到它几乎完全被冰覆盖，那么其两极的扁平程度似乎可以表明土卫八的自转周期应该是 10 个小时。但事实并非如此——它的自转周期与公转周期相同，即每转一圈需要 79 天。

卡西尼暗斑区看起来像是在一次大爆炸（可能是军事方面的，也可能不是）中被烤焦的一样，但这并不能解释那条奇特赤道脊和两极的扁平形状。也许最稳妥的说法是，土卫八有着"命运多舛"的历史，一段我们希望了解的历史，因为我们都生活在太阳系。

和吉奥瓦尼·卡西尼一样，我们也应相信一定存在某种合理的解释，尽管土卫八还将继续不断为我们呈现各种难解之谜。但我们可能也应接受另一种可能性，那就是在可预见的未来，我们可能依然无法破解土卫八的秘密——也许它可能是来自未来的终极颠覆性时空错位。

但至少，土卫八是在被我们发现之后——而非被发现之前——才进入公众视野中的。你以为下面我们将要讲到的两个例子也是如此吗？那你错了。

39

"不合时宜的"火星卫星

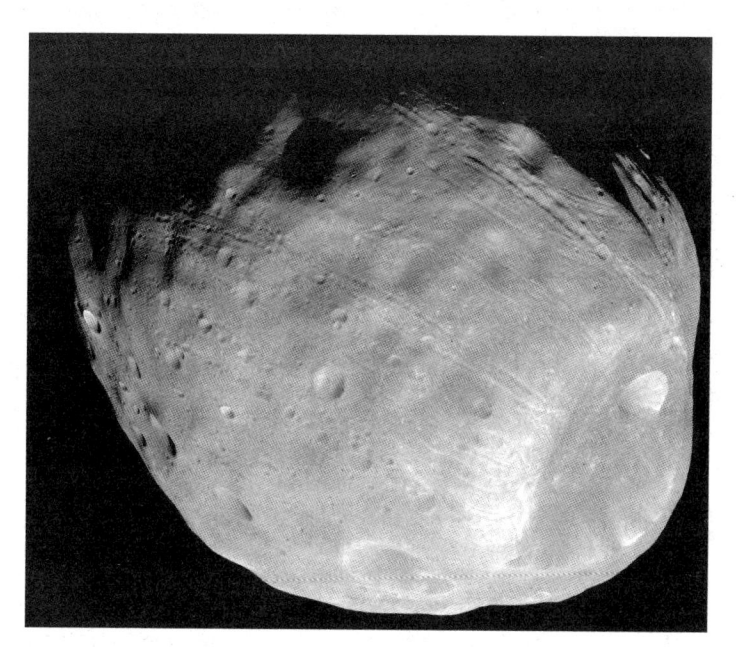

图片中是火卫一，火星的两个卫星之一。早在这两颗卫星被发现的150年前，就有人详细地描述过它们的存在。图片由美国国家航空航天局、喷气推进实验室、加州理工学院及亚利桑那大学提供。

火卫一和火卫二是火星仅有的两颗卫星。虽然是卫星，但它们的体积很小且形状很不规则，体积跟珠穆朗玛峰差不多大。其中火卫二（比火卫一小，距离火星较远）大小为6英里×10英里，火卫一为18英里×11英里。这两个颗卫星亮度太过暗淡，肉眼无法观测到，并隐没在火星的光芒中，只有用最新式的天文望远镜才能看到。

这两颗卫星在1725年乔纳森·斯威夫特的《格列佛游记》中就有详细描述，在1750年伏尔泰的一篇短篇小说中，也曾被提及。

然而，"不合时宜"的是，它们直到1887年才被发现。

毫无疑问，你肯定希望有一个合理的解释，有这个希望的不止你一人。也许确实存在一种合理的解释——尽管这需要我们相信我们所面对的是一个令人难以置信的真正巧合。这种理性的解释可能不会太令人满意（跟非理性的解释有的一拼），但确实有一些线索能够支持这种说法。要找到这些线索，让我们首先来仔细分析一下那两篇小说中对这两颗卫星的描述。（如果你更喜欢非理性的解释，别停下来，坚持读完。）

1750年那篇短篇小说中的描述似乎是被衍生出来的，不需要特别在意。它的名字叫《米克罗美加斯》，作者是法国启蒙运动哲学家伏尔泰。小说讲述的是一位来自天狼星的外太空来客的故事。这个外星人叫米克罗美加斯，有2万英尺高，他还有一个来自火星的同伴，个头略小。到达地球后，巨人米克罗美加斯吃惊地发现，地球上的这些矮小居民竟然以为宇宙是专门为他们而创造出来的。

在路途中，两位外星人碰巧经过火星。旁白提到，火星有两颗卫星，迄今尚未被地球的天文学家们发现，一些地球天文学家甚至否认它们的存在。小说对于这两颗卫星并没有进一步的描述（两位外星人倒是抱怨火星太小，没法降落）。由于在 1750 年之前，尚无任何人对此类卫星做过任何科学描述，因此我们可以认为伏尔泰在此处引用了斯威夫特的畅销书《格列佛游记》——比伏尔泰的小说早面世 20 多年——中对这两颗卫星的描述。

我们再来看看《格列佛游记》中的相关描述，真的非常有趣。《格列佛游记》是一本对人类行为、政治和游记小说进行讽刺的批判性小说，于 1726 年出版，作者是爱尔兰作家、教士乔纳森·斯威夫特。对于火星及其卫星的描述出现在假想国巴尔尼巴比一章中，统治这个国家的国王住在一个叫拉普塔的漂浮岛上。（懂西班牙语的读者可能明白，"拉普塔"在西班牙语中的意思是"娼妓"，这点大概斯威夫特也知道吧。）这位国王靠恫吓统治这个国家，他威胁会将任何胆敢违抗他旨意的人都扔到漂浮岛的下方，然后扔石头砸死他们，或者干脆让漂浮岛降落下来压扁他们。他和大臣们长年生活在漂浮岛上，从不与地面和地上的民众接触。他们精通音乐和数学，但对其他问题则几乎一无所知且几乎从不谈及，也从不会制造衣物或房屋。他们对自己的妻子漠不关心，但也决不允许她们离开漂浮岛，因为她们一旦离开就再也不愿回来了。

有关火星的内容是国王和大臣们在夸耀拉普塔的先进科学成就和太空探索成果时所举的一个例子，他们为比欧洲人先进而洋洋自得，尽管他们极度缺乏社会和实用技能。他们的天文学发现还包括观测到 3 颗恒星、追踪过 93 颗不同的彗星，以及发现了火星的卫星。

斯威夫特在小说中只简单地提到了火星的卫星，并未做太深入的描述，对他而言这就足够了，因为他只是借此讽喻：将所谓科学置于文化之上是危险的，脱离民众的统治阶级是可怕的，形形色色的蠢蛋们是不可救药的。

他在书中也描述了这些卫星运行轨道的特点，指出内侧的那颗卫星离火星的距离是火星直径的 3 倍，绕火星运转一圈需 10 个小时。靠外的那颗卫星离火星的距离是火星直径的 5 倍，运行周期为 21.5 小时。

这令人非常震惊，因为直到 1887 年，美国天文学家阿萨夫·霍尔才首次发现了火卫一和火卫二。而火卫一的公转半径是火星直径的 1.4 倍，公转周期为 7.6 小时。火卫二公转半径为火星直径的 3.5 倍，运行周期为 30.3 小时。

让我们把重要信息重新整理一下：

- 内侧的卫星——火卫一 / 卫星公转半径为火星直径的：3 倍 ~1.4 倍 / 运行周期：10 小时 ~7.6 小时。
- 外侧的卫星——火卫二 / 卫星公转半径为火星直径的：5 倍 ~3.5 倍 / 运行周期：21.5 小时 ~30.3 小时。

不得不说斯威夫特预测得非常准确，不过，如果他真有先见之明或预知能力的话，为什么他不再多说点，再准确一点？最简单的答案就是，他并没有先见之明或预知能力。至于他为什么能猜中，如果说有任何合理答案的话，那么，文中有一些线索表明，他"创造"了这些卫星并借此来阐明自己的观点，然后他很幸运地猜对了。

这些线索藏于这本书的其他段落中。从书中可以发现，这些卫星的轨道运行特点就是，其轨道周期的平方值与轨道直径的立方值成一定比例，这表明，与其他天体一样，这些卫星同样受到重力定律的影响。

虽然没有指名道姓，但斯威夫特显然借用了开普勒第三定律，这是一个世纪前由天文学和数学先驱乔纳斯·开普勒提出的行星运动定律。如果以 D 代表轨道直径，P 代表轨道周期，则 $D^3=P^2$。需要注意的是，这个定律基于比例、而非速度与距离的实际数值之上（这是在牛顿公布其重力定律之后天文学家等才掌握的知识）。另外，在大约 1670 年之后，天文学家们改进了对距离的测量方式。

在这本小说诞生之前，天文学家们已证实，开普勒第三定律适用于计算行星的轨道，也适用于计算木星和土星各自卫星的轨道。斯威夫特借拉普塔的天文学家之口表明，这条定律可用于预测行星的卫星系统，而且这一定律描绘出了一种宇宙中无所不在的力。斯威夫特相信重力是宇宙中无所不在的力量，就像它影响着地球上的万物一样，它也影响着所有天体，当然，天国并不受这些定律的影响。

而为了显示这一定律的普遍适用性，那么，他所创造出来的卫星系统就必须（至少）有两颗卫星，否则就无法显示出其中的比例关系。这样，斯威夫特就不能以地球与月球为例了。

所以，斯威夫特给火星"安上"了两颗卫星，并按照开普勒定律给它们设定了相应的轨道值。请记住，这一定律基于比例，而非实际数值。据此，我们将斯威夫特所说那颗内侧卫星的值设定为1。对于外侧那颗卫星，其轨道直径为内侧卫星轨道直径的1.66倍，其轨道周期为内侧卫星周期的2.15倍。根据第三定律，1.66的立方约等于2.15的平方，两项数值差不多，都约等于4.6。

斯威夫特设计的火星卫星系统符合开普勒定律。考虑到斯威夫特的严谨细致及其写书的目的，这种所谓巧合就显得没什么神秘感可言了。我们可以相信，与其他任何撰写严谨游记的勤勉作家一样，斯威夫特在书中谈到天文学时也做过数学计算。

不过，他所创造出的卫星系统如今接近150年后天文学家们的发现，还是不禁让人感到非常吃惊和奇怪。这似乎只能归因于斯威夫特是不是有什么预知能力了。

但是，如果他真有预知能力的话，那么他所创造卫星的轨道特点应该与火卫一和火卫二的比例相吻合。简单的答案就是，火卫一和火卫二所表现出来的轨道特点的确符合开普勒第三定律，这并不奇怪，因为它们也是真实存在的天体，一样会受到重力定律的影响。但是，如果我们将斯威夫特的卫星分别放到火卫一和火卫二的位置，又会发生什么呢？为了使读者免受数学计算之苦，我就直接说答案吧，答案就是这根本不对——根据上文所列比例，如果火卫一的轨道直径和轨道周期等于1，那么根据开普勒定律计算斯威夫特卫星的比例则几乎是6。

这意味着，斯威夫特的卫星无法在真正的火星重力系统中运转，因此，他在创造这两颗卫星时显然不知道火卫一和火卫二的存在，而他对其卫星轨道特点的描述也并不是建立在真正的重力知识基础上的。

换句话说，这都是他的猜测。当时人们知道地球有一个卫星，而木星有四个卫星，所以，也许他觉得火星有两颗卫星比较好——介于地球和木星之间；而且他需要至少两颗卫星以展示开普勒定律，所以两颗就够了，而三颗则意味着额外的工作。

碰巧，斯威夫特猜对了。他所创造出来的轨道大致近似于真实的卫星轨道，其实是侥幸。这既不是难解之谜，也不是真正的颠覆性时空错位。

但这依然有些诡异。而且，你一定很好奇，为什么斯威夫特非得创造两颗火星卫星，而不是别的。如果他想显示自己的天文知识和科幻水平，那宇宙中有的是可供他摆弄的。是不是有什么他没意识到的重要因素使得他觉得有必要设计出火星卫星，然后又把它们写在自己的书里？

这样，我们又回到了此前谈到的另一种解释，即非理性的解释（碰巧，这种解释能与理性解释并存）。也许是因为火星卫星代表着某种对我们人类集体心理产生（或将要产生）重要影响的事物，以至于我们下意识地觉得必须要关注它们。（毕竟天体本身似乎并不重要。）也许它们与人类遥远的过去有关。或者，考虑到这本书中所体现出来的诸多第二种颠覆性时空错位（也就是来自未来）现象，也许它们与人类未来将要面对的某件重要事情有关。

或者两者皆有可能——请看下一部分。

40

好些了

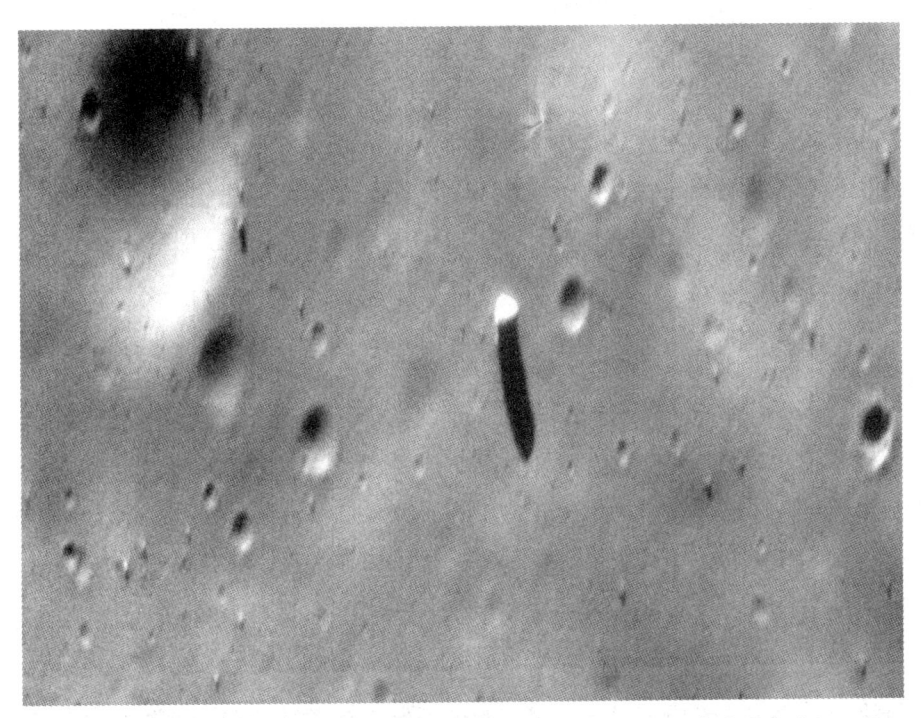

火卫一上的那块巨石看起来有点像露出地面的发射井。如果真是如此的话，那么它有可能改写我们所知的太阳系历史，而且也能解释火星卫星的一些奇怪现象。也可能，它就是一块形状对称的奇特大石头。图片来自美国地质调查局。

如果说上文谈到的火卫一和火卫二的情况算得上怪异的话，那么它们的一些基本天文特点可能已达到"触目惊心"的地步了。其中，最令人感到费解的两个问题就是：

（1）火卫一和火卫二不应该在它们现在所在的位置。
（2）在火卫一上探测到的一些东西似乎不应出现在那里。

先说第一个问题。从外形上和物理构成上看，火卫一和火卫二与火星至木星之间的小行星带中发现的小天体非常相似，所以，你可能会很自然地认为它们是被火星捕获后而成为其卫星的。但问题是火星是如何捕获它们的？要知道，一些行星是有能力捕获卫星的，而另一些行星则没有这种能力。火星就没有这样的能力。

太阳系中有能力捕获卫星的行星一般都处在地球的外侧，如木星、土星、天王星和海王星。它们都有逆向旋转的卫星（卫星运行轨道方向与行星旋转轴相逆），这证明它们有能力捕获卫星，因为逆向旋转的卫星一定是由捕获而产生的。

我们来解释一下：这些行星都是由气体构成的巨型星体，都有卫星沿同向轨道运行，这意味着这些卫星的运行轨道方向与其所属行星自转的方向一致。天文学家们相信，形成这些行星的原始星云盘朝着一个方向旋转，最终盘中心位置形成行星，而星云盘的外缘也会在几乎同一时期形成行星的卫星，这样，由此形成的行星和卫星会同向旋转。这类卫星的轨道都有着较低的离心率（意味着其轨道更接近圆形而非椭圆形）和较低的倾角（意味着它们的轨道平面很接近行星的赤道面）。

除此之外，它们还都有一些逆向旋转的卫星，即这些卫星的运行轨道方向与其所属行星自转的方向相逆，因此不可能是与行星一道形成的。绝大部分此类卫星都是体积较小的行星，例如火卫一和火卫二。它们应该都是行星从太阳轨道上俘获的。

这听起来似乎也没有根据，但是，要知道，一颗卫星要被行星捕获，需要这颗天体飞向行星并在一定距离之外掠过（就像投保龄球时的后摆投球，而非直直撞向行星），最后因无法逃脱行星的引力而成为卫星。但由于这些天体在曲线掠过行星时具有一定的速度，且速度通常足以使其"冲破"行星的引力而逃向太空，因此必须存在某种使其速度降下来的力量，这样它们才能变成卫星。

气体巨行星有两个特征能产生这种力量：厚厚的大气和跟随它们的卫星。一些小行星在闯入行星的引力范围后由于与大气顶端摩擦而最终将速度降了下来，成为行星的卫星。或者，一些小行星碰巧掠过行星的某颗卫星，此卫星的重力会起到"刹车"的作用，最终让小行星成为卫星。或者以上两种情况同时发挥了减速作用。（偶尔，这样形成的卫星会形成同向运行卫星，即沿与行星公转轨道方向相同的方向运行，但是其轨道往往会有较大的离心率和倾角。）

不过，上述机制似乎并不适用于内侧行星或类地行星（水星、金星、地球和火星）。其原始星云最终形成了坚硬的球体行星，而非气体行星。它们也没有附属的同向旋转卫星。（地球有一个同向旋转卫星，即月球，它似乎是在太阳系形成初期由一颗火星大小的行星以 45°角撞击地球而形成的。）此外，这些固体行星也没有气体行星那种能产生刹车作用的厚重大气。

所以，基本上，火星不具备俘获火卫一和火卫二的能力。它们是自己捕获自己的？这又是一个"先有鸡还是先有蛋"的问题。

与此同时，火卫一和火卫二的轨道特点并没有显示出它们是被捕获的。它们的离心率非常低，而且火卫一的轨道几乎是一个标准的圆形。然而，以曲线掠过行星并被捕获的小行星往往会形成明显的椭圆形轨道。此外，火卫一和火卫二的轨道平面与火星赤道面的倾角在1°以内，而火星赤道面比太阳系平均轨道平面（黄道）倾斜了25°。飞掠而来并最终被捕获的火星卫星最有可能的是保持其原有的轨道平面，而非与火星的赤道面保持一致。

也许，它们和月球一样，也是由撞击的碎片所形成的。但是，这又把我们带回到了那些轨道特征中。如果说火卫一和火卫二是由撞击碎片所形成的，这意味着当初那些原始材料应该是随机四散在火星周围的，那么，它们最终又是如何形成与火星赤道面平行的圆形轨道的？以月球为例，其显然是由撞击后四散在太空中的碎片凝聚而成的，其公转轨道与黄道之间有5°的倾角。

所以，火卫一和火卫二在结构严密的太阳系中显得有点"离经叛道"。对此人们有两种看法：

（1）它们被捕获是由于某些异乎寻常的原因。也许在被捕获时，它们正围绕彼此相互旋转（有一些小行星似乎确实如此）。某种重力平衡作用使它们形成了现在的这种轨道。反正肯定有原因——毕竟，它们就在那儿。

（2）它们是人造卫星。

第一种观点并非不负责任地乱猜。例如，天王星有一个相当大的卫星叫海卫一，其轨道离心率正变得越来越小，但其逆向旋转轨道及较大的轨道倾角表明它是被俘获的。这些都可以通过气体巨行星捕获行星的原理来解释。

至于第二种看法，你可能会想这种人造卫星恐怕应该是用金属做的才对吧。现代太空探测器发回的照片显示，它们看起来有点像人们随手捏出来的雪球（大部分小行星都是如此）。但是如果它们已有几百万年的历史，那么这个"雪球"会不断吸引周围的太空碎片,并大致照最初的形状"越滚越大"。如果是这种情况的话,那么测算其密度的话,就可能会发现它们是中空的。

此类测算显示火卫一至少30%是中空的。1989年,"法博斯2号",苏联发射的最后几颗太空探测器之一,曾试图在火卫一降落,在其与地球失去联系之前,它发回报告显示火卫一正在散发水蒸气。

当然,与许多小行星或彗星残块一样,火卫一和火卫二可能就是由密度较低、结构松散的物质组成的,而且内核是冰。不过,它们依然有可能是被人为放置在它们如今的轨道上的。它们的轨道有利于太空飞船的集结与停靠,可以作为在太阳系中航行的中间停靠站(可以向火星内侧,也可向火星外侧继续飞行)。飞船所需燃料也可以通过利用这两颗卫星上的矿藏及冰获得,这会让空间旅行变得更加容易。(如何从太空中获得燃料补给是太空飞行的一大难题。但如果有中转站提供燃料的话,这个问题就简单多了。)利用这些矿藏和水生产出的燃料也可以为放置卫星——也就是利用火箭等将小行星推入火星轨道——提供帮助(当然这可能需要几十年)。

同样,如果火卫一和火卫二在几百万年前是被用作这一目的的,那么在历经了几百万年太空残片的不断侵袭或累积之后,在它们的表面上可能已看不到任何可见的证据了。至少,这种证据不会太多。这就牵扯到一样看起来本不应存在于火卫一上的东西。

这个东西就是所谓的火卫一人造巨石,由美国国家航空航天局的火星探测器于1998年发现。从当时探测器发回的照片看,它的影子使其看起来像是一个突出地面的发射井。但受限于相片较低的分辨率,我们很难确定其真实身份。也许它就是一块形状对称的奇特巨石,当太阳从很低的角度照射上去的时候,会让它形成细长的影子。对附近地面所摄的照片显示,其周围多少还有一些带有影子的岩石,不过这些岩石要小得多。此外,这块巨石周围的地面看起来有点像是被侵蚀了的火山口,同时还有泡状物或突起，就像地表下还有其他物体存在一样。

（注意，不要把这块火星巨石与1976年"维京1号"所拍摄到的所谓"火星之脸"搞混淆了。如其名字所示，"火星之脸"位于火星的表面。根据此后多颗火星探测器发回来的高清晰度相片显示，它更像是受侵蚀的高原地貌，而非人脸形状。）

当然，这块火星巨石可能就是一块光滑的大石头。如果假设它是一个人造物体，那就说明此前曾有智慧生物将火星及其卫星当作太空站。这种文明似乎不太可能源自火星本身，因为火星看起来已经干涸了相当长一段时间，而高等生命体的发展应该需要大量液态媒介的存在。

但是，如果你照照镜子，就会发现我们是双足物种，两个上肢可以进行抓握，拥有立体视觉，且这一物种在一个极短的地质时期内就掌握了相当的科技。生活在白垩纪晚期的鸵鸟龙体型与人类差不多，也属于两足动物，有能够进行抓握的前肢和立体视觉。如果鸵鸟龙的某些亚种的脑容量突然增加，然后又逐渐掌握了一定科技（事实证明这一过程可能只需要一两千年），那么谁也不能保证我们今天能够看到这样的证据——尤其是如果它们还喜欢木质房屋、家具及火葬的话。

白垩纪的终结和恐龙的灭绝（包括鸵鸟龙）显然是由于希克苏鲁伯流星撞击如今的尤卡坦半岛而致。据信这颗流星的大小应该和火卫一差不多。也许是有人失手了？

将这些小行星移过来作为中间站似乎还不错。也许这些智慧生物最初将这些卫星作为中转站，然后在那里开采制造燃料，因为这些卫星的重力只有地球的六分之一，因此飞船的起飞和降落可以节省不少燃料。（我们假设它们使用的是化学燃料火箭，与我们所使用的类似。每从地球表面向地球轨道运送1磅物资，这种火箭就需要24磅燃料。将1磅物资从月球表面送至月球轨道则只需要1磅燃料。而摆脱火卫一引力将物资运送至轨道，其所需燃料和所运物资的比率相当于将一辆卡车从静止加速到25英里/小时。）

也许这些智慧生物曾尝试将两个小行星放置在重力近乎为零的近火轨道上作为可开采燃料的中间站并取得了成功,然后它们也想在地球轨道上做类似的尝试,但很不幸失败了。或者,也许它们成功了,只是后来在它们中发生了一些我们所不知道的内部冲突,结果无人来进行轨道维护。(预计火卫一在几百万年后也许会撞向火星,结局自然不会美妙。)

或者也许鸵鸟龙只是一种智商低下、拥有可以抓握前肢的史前鸵鸟(它名字的意思就是"类似鸵鸟"),火卫一上的那块巨石也只是一块巨大卵石,而一些模糊不清、目前尚无从知晓的自然过程和天文物理规则造就了如今的火卫一和火卫二并使它们形成了如今的轨道特点。

但是,如果它们不是的话,那么我们最终可能必须承认,火卫一和火卫二属于第二种颠覆性时空错位,只有到未来我们才能发现它们的真面目并采用类似的空间旅行手段(希望届时人类不会犯希克苏鲁伯流星这样的错误)。如果够幸运的话,相关真相可能会逐渐展现在人类面前,让我们有时间去吸收消化其带来的影响。

这也会给我们大量时间去思考,当年为什么要将它们命名为"火卫一"(Phobos)和"火卫二"(Deimos),这两个词在希腊语中的意思是"害怕"和"恐怖"。

结论 Out of Place in Time and Space

我们已经看到了很多例子：有些事件在真实发生之前就有人对其做了详细的描述；有些科学技术在被现代人采用或甚至发明之前就已有更早时代的人开始使用；有些知识我们无法用现在的技术加以解释；有些行为体现出一种先见之明和预见之能；有些东西的存在让人无法理解；有些几百年前的艺术影像看起来就像是好莱坞今天早晨刚制作出来的材料。

所有这些意味着什么？

最简单的答案就是，本书中所列举的这些例子再次提醒我们：我们并不了解时间的本质。在我们抱怨书中的诸多例子违反时间规律之前，我们首先应该明确时间的定义——而这立刻就会让我们陷入麻烦。根据字典通常给出的解释，时间是事件之间的间隙。但是这个间隙又是由什么组成的呢？时间。于是我们就陷入了循环定义之中。

也许时间就是空间的第四维，一种其他三维必须穿行其中并经历某种因果关系的维度。或者，也许时间是某种包含着所有可能发生事件的无限盒子，这些事件相互连接在一起且其连接方式体现出的是每个人不同的因果理念。我们（也许所有人）选择以一种连续的方式观察这些"被选择出来"的事件，并用某种机制将这些事件串联在一起。从本书中的例子可以看出，这种机制偶尔可能会失效。

结 论

如果我们接受了上一段的观点并由此发挥，我们似乎可以说，人类历史可被视为某种实验，一种针对时间与人类集体意识之间相互作用所产生的结果进行的实验。也许我们可以把人类历史与物理学家进行的粒子加速器实验相比。在粒子加速实验中，物理学家们需要观察亚原子粒子之间的碰撞所产生的结果，在碰撞后，这些粒子的行为为科学家们提供了一些线索，去了解宇宙运行的基本规则。在大多数情况下，粒子的碰撞都遵循着一些可预测的模式，但有时也会出现一些反常现象，需要人们进行更深入的研究和解释，而这常常又会为我们发现其他一些规则和理论提供线索。

本书中所列出的例子可以被看作是"反常现象"，这些反常恰好勾勒出了"正常"的边界。人类历史漫长且丰富，相关记录也日趋完善。所有迹象都表明，本书中所收录的这些反常现象甚至连冰山的一角都算不上，只是冰山边缘飘起的几片雪花。如果能搜集到的相关材料足够多且可以支撑进行某些主题的研究，那么它们可能会告诉我们大量真相——关于我们自己、关于时间、关于我们和时间是如何相互创造的，或者它们也许会告诉我们时间是如何脱离我们而独立存在的，而我们只是这辆呼啸而过的列车上那些运气欠佳的过客而已。

再或者，我们可能最终确定，我们的确没有能力了解时间的本质。我们的情况也许像是一台计算机：计算机并不知道自己的外壳被涂成了蓝色，也不明白其外壳上印制的商品图标（如IBM）到底有什么重要性。人们的确可以给它编程，让它回答说它知道。但这只是程序员设计的把戏——计算机显示文字，我们赋予其意义。这个"盒子"内部的零件并不了解什么叫"意义"或"看法"，它们发出的信号或"语言"只是通过晶体管发射的电子，这些晶体管自身又受其他晶体管的控制，所有这些晶体管按照被称为"逻辑门"的循环模式相互串联在一起。

不过，所有迹象表明，我们没必要为我们的发现而感到恐惧，我们所说的语言及表达的思想并不是由任何外部力量所设计的毫无意义的语言程序。本书所举的例子中就包含了人类历史的"样本"，它们显示出，我们从不愿意遵照电路中的逻辑门行事。相反，我们总是在努力驾驭这些逻辑门让其为我们服务，利用它们来探索整个"电路"，力图将每一个组件都勾画出来，而且，我们正越来越逼近这个"盒子"的核心。

也许有一天我们将跳出这个"盒子"。也许有一天我们甚至能看到这个"盒子"外表的颜色，并读懂镌刻在其上字母的含义。

如果不研究这些反常现象，我们是不可能做到这些的。

致谢

  我要感谢我的妻子、心理学家、路易斯·奥当纳博士，她是德克萨斯州圣安东尼奥大学健康科学中心的教授。为了这本书的出版，她提供了大量帮助。还有我的经纪人——杰夫·赫尔曼，他似乎比我还能理解我的所作所为——也许，这就是经纪人的工作。新页图书公司的员工们具有让人精神为之一振的决断力。我还要感谢 OMNI 杂志的前编辑凯斯·费雷尔，感谢他的鼓励，以及他对本书的出版所提供的帮助。